野菜のおいしい店

愛知・岐阜・三重

GMKワークス

はじめに

「安全でおいしい野菜が食べたい」
これが、この本をつくるに当たって、常に頭にあった言葉です。

オーガニック、マクロビオティック、ロハスなど、似たような言葉があります。その定義をしっかりと理解することは大切ですが、さまざまな見方や意見があって、それほど簡単ではありません。「有機JAS」とか「有機野菜でも農薬を使っている」とか「有機JASの認証を受けていない野菜でも、安全でおいしい野菜がたくさんある」とか「価格が高い」とか「なんだか、おいしくない」とか、意識して野菜の料理を食べていくなかで、いろいろなことを知りました。しかし、いったい何が安全でおいしい野菜なのかということが、知識量と反比例するかのように、さっぱりわからなくなっていってしまったのです。

そこで気付いたのが、大切なのは、信頼できる店を見つけることではないか、ということです。有機JASや価格を基準にするのではなく、あの人がつくった野菜や料理、あるいはあの店で売っている野菜は安全でおいしい。そんな人や店を見つけることができたら、きっと、充実した野菜生活が送れると思うのです。なにより、信頼できる人や店を見つける旅は、とても楽しいに違いありません。

そんな店を発見し、信頼関係を築くための判断材料のひとつとなることが、本書の一番大きな目的です。

本書は、野菜のおいしい店を３つに分類しています。有機ＪＡＳ認定の野菜、または有機ＪＡＳ認定ではないけれども、有機栽培をしている生産者の野菜を主に使っている「オーガニックの店」、できるだけ農薬や化学肥料を使っていない新鮮な野菜を信頼できるところから仕入れている「新鮮野菜の店」、地産地消を意識している「地産地消の店」。ただ、この分類は明確なものではありません。３つの分類にまたがっている店がほとんどなので、どちらかといえば、こうなるかなという程度のゆるい分類にすぎません。

最後の「おいしい食材・調味料を手に入れる」では、各店が信頼を置いているところがつくった野菜・食材・調味料などを紹介しています。きっと充実した野菜生活の参考になるはずです。

「おいしい」とか「安全」は絶対的なものではありません。また、わたしたちはすべての情報を知り得るわけではありません。そのなかで、「安全でおいしい野菜が食べたい」という願いを、どうやってかなえればいいのか。その難しい課題を解決するために、本書がほんの少しでも力になれたら、こんなに幸せなことはありません。

もくじ

オーガニックの店

新鮮野菜の店

地産地消の店

おいしい食材・調味料を手に入れる

＊掲載している店舗で、紹介している料理と同じものを食べることができるとはかぎりません。いずれの店も、それぞれの時期に旬の野菜を仕入れているためです。また、メニューや価格が変更されている場合があります。その点をご了承ください。

＊多くの店舗はホームページを開設していますが、本書には原則としてホームページアドレスは掲載していません。店舗名で検索すれば必ず関連ページが出てきます。その方法で検索してください。

オーガニックの店

シンプルで正直なごはんが気持ちいい

オーガニックカフェ&ギャラリー

空色曲玉

空色曲玉の日替わりランチ（1050円）。この日（12月）は大根オンパレード。ふろふき大根にネギの蒸し煮を添えて、切り干し大根の煮物、人参のきんぴらピーナッツ和え、大根サラダと人参サラダ、玄米ごはん、日野菜のおつけもの、大根と大根菜の味噌汁（麦味噌）、フライドポテト

デザートは谷さんがその日の気分でつくります。この日は、パイ生地があっさり軽いアップルパイ（350円）に体があたたまる三年番茶（350円）

米蔵を改造したダイナミックな店内

名古屋市中区新栄3-16-21
☎052-251-6949
休日 月・第2日曜日（不定休あり）
営業時間 11時30分〜14時、18時〜22時（ラストオーダー21時）
席数 20席
駐車場 1台

生きる喜びを与えてくれる

空色曲玉《そらいろまがたま》のごはんは、野菜がおいしい。里芋だって皮ごとコロッケに、ネギはほんの少しのお塩で蒸し煮に、切り干し大根は天然昆布と干し椎茸のやさしいおだしで。どれも野菜の力を活かしたおかずで、「野菜ってこんなにおいしかったんだ」と再発見させてくれます。

オーナーシェフの谷陽子さんが大切にしているのは、「自然の摂理」。だから野菜は木曽川流域で栽培された無農薬のものを選び、端境期などには乾物を活用、調味料も日本の伝統的な製法でつくられたものを厳選しています。

「食べものは、命をつなぐだけでなく、生きる喜びを与えてくれるもの。だから自分でちゃんと選んでほしいのよ」と谷さん。食品表示のトリックや生産、製造現場での問題など、知れば知るほど八方塞がりになってしまいがちです。でも谷さんの考えは、「育てる人、運ぶ人、つくる人、食べる人。みんなの顔が見えて、ぐるぐる幸せな輪になったらいいな」と、いたってシンプルなのです。

取材memo

店内は全面禁煙、料理はアレルギー対応ができます。電話で予約してください。

［店主からひとこと］

食いしん坊を自称する谷陽子さんの原点は、洋食屋さんを営んでいたおじいさんです。「野菜のストックからつくる本格的なカレーなど、日常的に本物のごはんをいただいていました」。そして子どもがアトピーになったことで、安全な食品にも関心を寄せるように。研究熱心で料理上手な谷さんの評判はすぐに広まり、友人からケータリングを依頼されるようになります。2000年に空色曲玉を開店、谷さんがあたり前に大切にしてきた「おいしいふつうのごはん」をつくり続けて10年、最近ではベジタリアンではないお客さまも。米蔵を改修したダイナミックな空間にシンプルなごはん、そしておおらかで鋭い谷さんのお話が人気です。

谷さん目当てにユニークな人が集まるのも魅力。旬の野菜パスタ（1400円）、旬の野菜天ぷら（880円）

畑と生産者が喜び、体が喜ぶ料理を

新鮮多菜レストラン にんじん

この日のAランチプレート（1200円、ドリンク付き）の主菜は大豆ミートの生姜焼き。ごはんは玄米か八穀米を選べます。国産人参100%のジュースは、人参臭さがまったくなくて、すっきりとおいしい

もちもちのパンケーキに
玄米やココアでつくった
チョコレートクリームと
焼きりんご、オレンジを
トッピングした米粉パ
ンケーキ（480円）と、
天のしょうが紅茶
（400円）

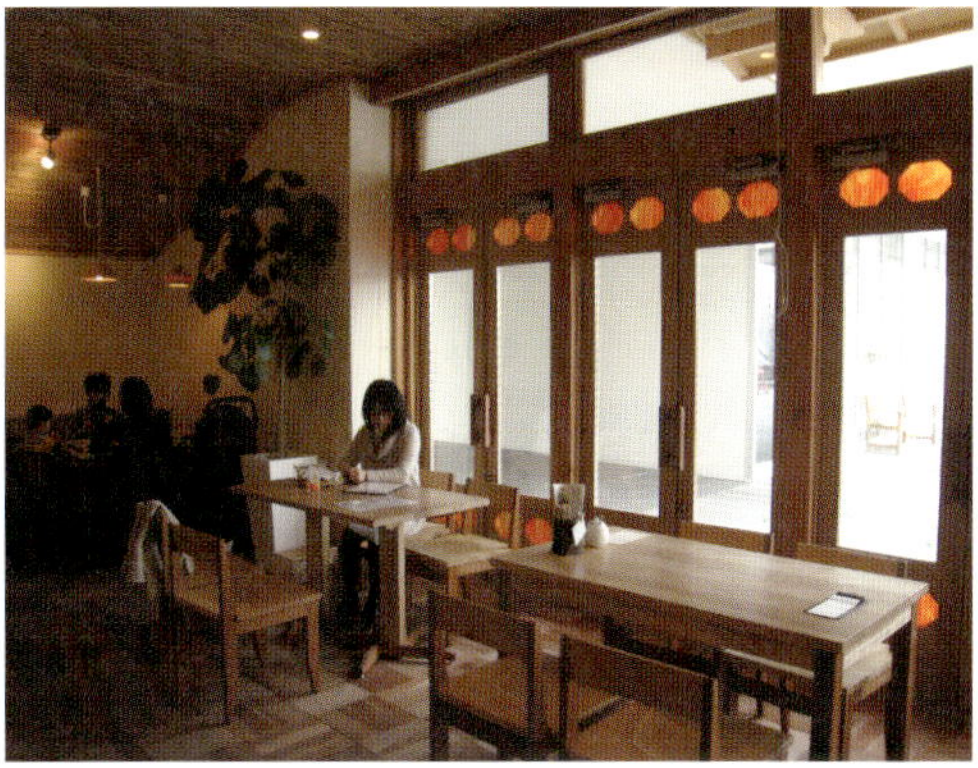

メニュー裏面には生産者を紹介

自然食品、有機・無農薬野菜を25年以上宅配によって販売している「にんじんCLUB」（116ページ）が展開するレストラン。「日本の農家がもっともっと元気になるように、レストランのメニューで応援したい」と、週替わりのAランチプレートには大豆ミートなどを使った主菜のほかに8種類もの創作野菜料理がにぎやかに並び、メニュー裏面にはそれぞれの野菜をつくっている生産者が紹介されています。

乳製品、卵不使用のデザートメニューも豊富。豆乳ソフトクリームを使った「チョコレートパフェ」など、ふだんアイスクリームや生クリームを食べられないアレルギーをもった子どもたちが歓声をあげて喜ぶといいます。

ゆっくりとお昼ごはんを楽しんでいるお年寄りや、座敷でくつろぐ赤ちゃんを連れた家族連れ、併設されているオーガニック食材のショップに買い物に来た女性たち。無垢の木や美しい色ガラス、タイルを使った明るい店内は、にぎやかな話し声があふれていました。

名古屋市緑区大高町大字平子36番地　南生協病院敷地内
☎052-629-7271
休日　なし
営業時間　ランチ11時～15時（ラストオーダー14時30分）＊ディナーは20名以上の団体のみ予約可
席数　テーブル席42、カウンター席6、畳席14
駐車場　南医療生協病院駐車場2時間分チケットを発行

取材memo
毎週木・金・土曜日にはレストラン前で産直朝市を開催。味噌づくりや豆料理を紹介するワークショップなど、「食」に関するさまざまなイベントも。

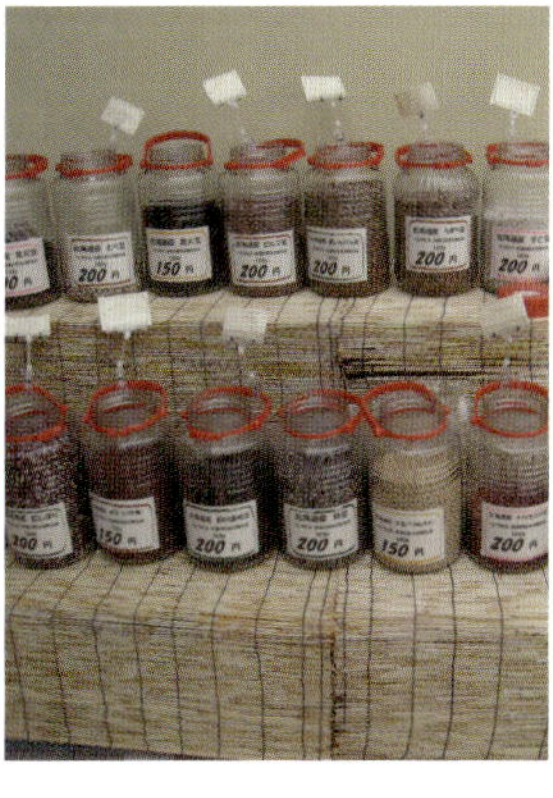

北海道産、農薬不使用の豆の量り売り。豆ってこんなに種類があるのかと驚いてしまいます

毎日のごはんを、大切に

kogomi

日替りランチ（ドリンク付きで平日1050円、土日祝日は1260円）。この日は、三河地鶏の塩焼きに冬野菜たっぷりのおかず、大根菜めし（玄米も選べます）と根菜のお味噌汁に自家製ヨーグルト

名古屋市天白区原2－3501おがわビル1F
☎052－808－9810
休日 水曜日
営業時間 11時～20時（オーダーストップ19時）
ランチ11時45分～14時
席数 8席
駐車場 2台

長居してしまう居心地いい場所

地下鉄鶴舞線原駅から歩いて2分と、とても便利なところにある「kogomi（コゴミ）」。広々とした店内には農薬や添加物を使っていない食品や調味料、洗剤などに加えてフェアトレードの服や雑貨、作家さんたちによる陶磁器などが、整然と並びます。

オーナーの森洋美さんは小さいころから肌が弱く、化粧品やシャンプーなど自分に合うものを選んでいるうちに、食べ物も自然と無添加のものをいただくように。日替わりランチに使われている旬の無農薬野菜は、主にゾンネガルテン（116ページ）、天晴《あっぱれ》農園（長野）、彩り農園（愛知）から仕入れ、味噌や醤油などの調味料はお店で販売しているものから使っています。

一人で買い物に来た方が奥のカフェコーナーでランチやお茶を楽しむという情景も。以前は住宅機器関連の仕事をしていたという森さんが自ら設計した室内は居心地がよく、思わず長居をしてしまうのでしょう。

取材memo
陶製ランプシェードやランチで使っている食器は、店で扱っている陶芸作家の手による物。味も器も楽しみながらごはんがいただけます。

販売の方でも大人気のオーガニックのジンジャーハーブティー（400円）と卵・乳製品不使用の豆乳クッキー（200円）。この日のクッキーは黒ごまココアときなこ味

玄米食の店 のら

人気の日替わりランチは、平日1050円（土・日・祝日は1470円）。冬期はカブの千枚漬け、カブラ蒸し、切り干し大根と、体をあたためる料理が並びます。トマトジュースの煮物や甘酒ドレッシングなどおいしい工夫が盛りだくさん

細やかな心配りに感激

常連らしき女性客に続いて入ると、土つきのじゃが芋がほっこりお出迎え。窓ぎわの商品棚には、こだわりの玄米に加え、愛知県稲沢市の契約農家と「あいのう流通センター」（116ページ）から仕入れた有機農法、低・無農薬栽培の野菜、そして、厳選の調味料が並びます。マクロビオティックを誠実に導入したランチには、創業10年の豊富なメニューから4～5品が色どりよくお皿に並びます。

この日は、豆腐ともちきびのハンバーグ。野菜が5～6種類も入っています。それに、なすのピリ辛煮、大豆のカレー煮など。大豆と13穀米入りの玄米ごはん、天然ビタミンCが豊富なかきの葉茶もおいしい。「季節ごとにお客様の健康を支えたい」と願う店主。お味噌汁の味噌も冬は体をあたためる赤、食欲の落ちる夏はノドごしのよい白と、細やかな心配り。「のらりくらり」が店名の由来と聞きましたが、とんでもありません。野菜のうまみを引き出しているたまり醤油などは、京都の老舗料亭の多くも使っているものなのでした。

取材memo

店主催の料理交流会「のらごはんを作る会」では、食材選びや調理法も学べます。

名古屋市熱田区桜田町4-14

☎052-872-3208

休日 月曜日

営業時間 11時30分～16時（ラストオーダー14時30分）ディナーは木・金曜日のみ17時30分～21時（ラストオーダー20時）

席数 17席

駐車場 2台

［店主からひとこと］

店を始めた約10年前、赤崎伸子（あかさきのぶこ）さんは地産地消をめざすべく、当時、愛知県で唯一の有機JASマーク認定だった脇野コンバイン（愛西市）の玄米を選びました。平成18年度農林水産省大臣賞にも輝いた絶品のお米は、今も店の顔。長年、マクロビオティックの料理を、いかにおいしく、バリエーションを増やすかが課題でした。試行錯誤でレシピを蓄積した「のらごはん」を、「特別な日のごちそうではなく、健康を支える日々の食事として提供したい」と、ついつい採算度外視になることも。アレルギーの有無にかかわらず、家族全員が楽しく食べてもらうため、日替わりランチには魚料理も加えています。

商品棚には食材のほか、絹の靴下や下着などの衣料品も並びます。生鮮野菜や天然酵母パンが入荷する金曜日が人気

元気のある野菜の力をそのまま体に

オーガニックカフェ ポランの広場

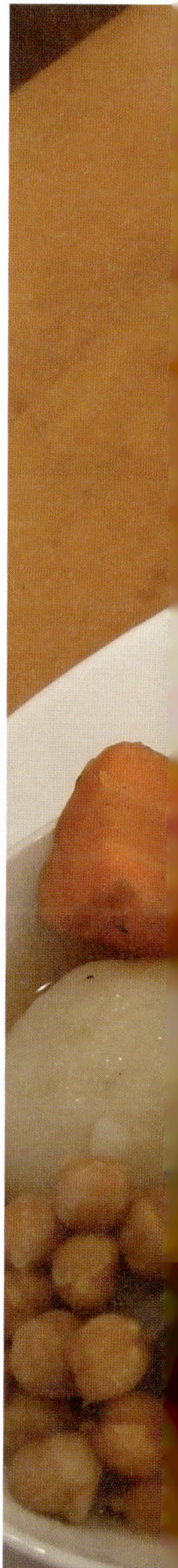

ベジタブルランチは玄米コーヒー付きで1200円（土日祝はデザート付きで1500円）。この日は、ひよこ豆入りの根菜ポトフ、紅芯大根のサラダ、小松菜の白和え、金時豆のチリビーンズ、さつま芋のオレンジ煮、玄米ごはん

ポランの広場の仲間、ゾンネガルテン（116ページ）では、無農薬野菜、無添加食品や調味料、日用品や書籍、天然酵母と国産小麦の石釜パンなどを扱っています

名古屋市名東区一社2-108

☎052-703-4465

休日　木曜日、第2・4水曜日は料理教室のためカフェはお休み

営業時間　9時～18時（平日ランチは11時30分～14時30分）

席数　20席

駐車場　6台

自然の恵みをそのままいただく

1976年、子どもの本屋さんからはじまったポランの広場。それが教育のこと、環境のこと、暮らしのこと、社会のことを考える場へと発展し、共鳴する人々が集い、次第に、無農薬、有機栽培の野菜を農家から直接共同で購入する会や国産小麦100％と天然酵母で焼くパンの工房をつくったりと、具体的活動に実を結びました。

現在、ポランの広場でいただける野菜は、長野の阿智村や南箕輪村、岐阜の福岡町、知多半島の阿久比、常滑、南知多の農家から直接仕入れたもの。もちろん露路での有機栽培、長年にかけて築かれた信頼関係もあり、安心です。

「生命力の強い野菜の力をそのまま体に効率よく取り入れてほしいから」と、オーナーシェフの宮澤節子さんは色や香り、味を損なわないよう、料理しすぎません。それにメニューのバランス、食材の組み合わせや火の入れ方など、体と野菜の調和に気遣われています。「季節の自然をおいしく食べ尽くす。みんなで楽しく食卓を囲む。そしたら体は必ず元気になるんです」

取材memo

毎月最終週の金・土はゾンネガルテンとポランの広場のセール（10％オフ）、第一歩のきっかけに。

［店主からひとこと］

「ポランの広場は、わたしにとって母なる場」という宮澤節子さん。野菜の共同購入の立ち上げメンバーでもあり、ゾンネガルテンの野菜をおいしく食べたい、という声に応え、1999年オープン時から、ずっと台所を守ってきました。宮澤さんから直接学べる料理教室は、含蓄のある話も聞けると評判です。

「日々、届けられる野菜は、同じ野菜でも、表情も状態も違うのよ。この野菜は、どんなふうに料理してほしいかなって考えながら手を加えるの。日々、わたしの方が野菜に育ててもらっているんですよ。生命力あふれる野菜は、夢をもって意欲的に生きる力をわたしにくれますから」。

Backstubeの石窯焼きピタパンを使ったサンドウィッチセット（1050円）、お子さまセット（600円）もおすすめ

心と体がのんびりできる都会のごはん屋さん

陽菜 hina

写真は菜定食。各定食にプラス200円でコーヒー・紅茶・りんごジュース・みかんジュースなどのドリンクを追加できます。各定食のお弁当もあり、テイクアウトができます。予約可能です

都会の真ん中にこんなところがあるのかと驚くほど、なんというか……ひなびています。この雰囲気もこの店の大きな魅力です

名古屋市中区大須4－1－12
☎052－263－8620
休日　月・火曜日（不定休あり）
営業時間　11時～21時
席数　20席
駐車場　なし

おひさまをあびた野菜で元気になる

栄パルコの南側、人通りの多い場所にある陽菜《ひな》。細くてうす暗い入り口を入っていくと、ここが名古屋の中心地であることを忘れさせるほどの静かな和の空間がひろがります。その店内に座っていると、ほんわか心が落ち着くのがわかります。

みどりの屋根INUUNIQ（24ページ）の姉妹店で、使っている野菜は自然農法の小林農園（徳島）と有機栽培の家田農園（三重）が中心。メニューは、魚と肉のメイン2品の陽菜定食（1000円）、メイン1品の陽定食（850円）のほか、動物性のものを一切使わない菜定食（800円）やカレーもあります。この日の菜定食は大根のフリットがメインで、切り干し大根、白和え、それに玄米ごはん、味噌汁。「お日様をいっぱいあびたお野菜。あったかいごはんとお味噌汁。忙しい栄の街でもふっと落ち着いてちゃんと食べられるごはん屋さん」をめざしているそうです。ひなたぼっこをしているような気分で、のんびりとしてください。

取材memo
料理をつくっているのはマクロビオティックの教室で知り合った井上さんと中村さんの二人。料理をするときは「心を平和にする」ことを心がけているそうです。

この細い通路を通り抜けた先に入り口があります

店の外観。1階が雑貨店で、陽菜は2階です

まず食材、メニューは後から

みどりの屋根 INUNIQ

日替わりの畑のごちそう定食は840円。カレーも840円。果汁100％ジュースやオーガニックビール・オリジナル焼酎などのアルコール類も充実。もちろんコーヒーやチャイもあります

ギャラリースペース（右）と店内。奥に広がる庭にはテラス席もあります

名古屋市北区清水5-10-8 グリーンフェロー1F
☎052-911-1003
休日 月・火曜日
営業時間 11時～14時30分、18時～23時30分
席数 20席
駐車場 2台

野菜のおいしい食べ方を提案

「まず食材ありき」というのがINUUNIQ（イニュイック）の方針。自然農法の小林農園（徳島）と有機栽培の家田農園（三重）から毎週届く段ボールの中身は、開けるまでどんな野菜が入っているかわかりません。信頼するこの二つの農家がつくるおいしい旬の野菜を使いたいからこそ、メニューを先に決められないのです。また、オーナーの飯尾裕光さんやスタッフは自ら野菜を栽培し、味噌や醤油も自分たちでつくっています。これらすべてがお店の食材に。

だから、日替わりの「畑のごちそう定食」は毎日内容が変わります。この日は、なすの麹漬け、人参のマリネ、ひじきとこんにゃくの煮物、夏野菜のトマト煮、自家製味噌を使った味噌汁といった内容。野菜だけでも十分満足できるボリュームです。定番のカレーもありますが、使う野菜が毎日違うので同じ味にはならないとか。本当のおいしい野菜のおいしい食べ方が発見できるお店です。

取材memo

今年（2012）の7月に店内をリニューアル。ギャラリースペースを併設しました。いろいろな交流が新たに生まれることを期待しているそうです。

［店主からひとこと］

自然食品の問屋「りんねしゃ」も営む飯尾裕光さん。この店を始めたのは、食材の流通だけでなく、おいしい食べ方までを提案したかったから。「有機野菜でも、良いものと良くないものもあって、どんな食材が安全かをつきつめていくと結局何も食べられなくなります。この店では、誰がどんな方法でつくった食材なのかがわかるものしか使いません。逆にいうと、小林農園や家田農園、さらに僕やスタッフがつくった野菜であれば、仮に農薬が使われたものであっても使います。もちろん、信頼がベースにあるからですが、そうした姿勢は長年、自然食品の流通に関わってきた者として、現代の食に対するひとつの答えでもあるんです」。

お店は環境共生をテーマとしたテナントビルの1階にあります。緑に包まれていて「癒され感」がいっぱい

ほっとする野菜ごはん

チャイとごはんの店

サールナート

今日のおまかせごはん（1050円）は高野豆腐の青のり揚げ、海草の人参ドレッシング、壬生菜と切り干し大根の煮浸し、ひたし豆など。ごはんは五分づき米。野菜は「くらしを耕す会」（116ページ）に宅配してもらっています

名古屋市名東区一社1-135コーポ栄1F
☎052-705-1732
休日 火曜日、第2日・月曜日
営業時間 11時30分~19時（日・祝日は~17時）
*イベントやライブにより貸切の場合もあり
席数 12席
駐車場 なし

繊細な味付け、ほっとするごはん

もともと「食べることが大好きな」オーナーシェフの小川久美子さんは、「耕さない、草や虫を敵としない、肥料・農薬を必要としない」という趣旨にひかれ、6年ほど前から恵那にある自然農塾（116ページ）に通っています。塾の主宰者・佐藤さんは前職が板前という経歴のもち主。「冬野菜の保存法や、これからは畑の小松菜がつぼみを付けるんですけれど、これを摘んでおひたしにするとおいしいよとか、いろいろ教えてもらっています」と小川さん。帰ってからその野菜を使っておかずをつくるのがまた楽しみ。

無農薬の野菜のおいしさを実感した小川さんは、金曜日以外のお昼は、肉も魚も使わない「おまかせごはん」を「自然な流れで」出すようになりました（金曜はカレーとベーグルサンドの日）。得意料理は季節の野菜たっぷりと、高野豆腐や切り干し大根などの乾物を使った、おひたしや煮物。繊細な味付け、ほっとするようなごはんを楽しみに通うファンがたくさんいます。

取材memo 月の3分の1ほどは、瞑想会やタロットカード勉強会などの「ココロとからだを磨く」さまざまなイベントが開催されます。（19時以降）

ジンジャーチャイ（550円）とよもぎあずきスコーン（220円）。このほか、ベーグルのベジサンドとチャイのセット（850円）や日替わりケーキも。食後はプラス200円で紅茶かチャイがいただけます

カフェ＋アルファの楽しみを

リトルブッダ（トライバルアーツ）

自分が食べたいものをつくる

木材の倉庫を改装したというトライバルアーツ。店内には、ヘンプやコットンといった天然素材で織られたオリジナルデザインの洋服をはじめ、東南アジアから輸入した雑貨や生活用品などがにぎやかに並んでいます。

お店の中につくられたカフェ、リトルブッダ。日替わりランチは、野菜のおかずが6〜7種類に玄米ごはんとお味噌汁、お漬物と三年番茶がセットになっています。おかずの要である野菜は、ゾンネガルテン（116ページ）の無農薬、有機栽培のもののほかに、オーナーシェフのお

日替わりランチはおかずが6〜7種類。写真は車麩のカツおろし醤油、水菜とサニーレタスのサラダりんごと人参のドレッシング、人参サラダ、まいたけとこんにゃくのピリ辛、菜花のマスタード和え、里芋の白味噌煮に玄米ごはん、お味噌汁、お漬物に三年番茶がつきます

兄さんが長野で自然農をしているものを使っています。

「野菜自体がおいしいので、なるべくシンプルなおかずが多いのですが、その日の天気や気温によって体が欲するものが変わるので、基本的にはその日に仕入れた野菜を見ながら自分が食べたいものをつくっています」と店主の高山義永さん。ドレッシングにすりおろしたりんごを加えたり、人参サラダにクミンを入れたり、シンプルな調理法でも、変化をつけた味付けに、若いセンスと意気込みを感じます。

取材memo
若いスタッフたちが生き生きと働く活力あるお店です。

名古屋市天白区中平1-501
☎052-848-3433
休日 水曜日
営業時間 11時〜21時（ランチ11時30分〜14時30分）
席数 20席
駐車場 5台

［店主からひとこと］

カフェや物販だけでなく、ライブやヨガ教室、マーケットやワークショップも開催しています。「衣食住＋楽、がこのお店のテーマ。いろいろな人がここに集い、楽しんでもらいたいです」と高山義永さん。最近は、オリジナルの洋服やエスニック雑貨だけでなく、日本の作家さんによる器や無添加の洗剤などの生活用品、環境問題をテーマにした書籍などにも力を入れています。店長として、仕入れや企画、スタッフの教育に忙しくするかたわら、味噌をつくってみたり、日替わりでスコーンを焼いたり。「何でもつくってみようかな、って思うんです。意外に初めてでも何とかなるもんですよ」。ご自身も楽しんでいます。

日替わりで焼かれるスコーンは一個120円。マサラチャイ（500円）との相性もばっちりです

おしゃれに、マクロビランチ

pupu kitchen

毎月第1・2・3の日曜日は、サンデーマクロビランチ（1500円、限定15食）を行っています。コース仕立てでゆっくり食事ができます。11時30分〜

絶品の「紫芋のモンブランタルト」と「イチゴのショートケーキ」

名古屋市西区城西2-15-13
☎052-602-5959
休日 月・祝・日曜日
営業時間 10時～17時（オーダーストップ）ランチタイム11時30分～14時（オーダーストップ）
席数 15席
駐車場 3台

「ヘルシングあい」直営カフェ

自然食の販売をしている「ヘルシングあい」（116ページ）の一角にある「pupu kitchen（ププキッチン）」。pupuランチには、南知多町で30年以上有機農法を続けている「大岩さんの野菜」をたっぷり使用。雑穀や海藻、豆も必ず使われ彩りも華やかです。食後のドリンクも付いて1000円（限定15食）。この日は黒豆のコロッケ、生春巻き、キヌア（雑穀）のサラダ、大根の塩きんぴら、白菜のポタージュなど。さまざまな味と食感が楽しめます。

　また、「紫芋のモンブランタルト」と「イチゴのショートケーキ」も絶品。日替わりのケーキは卵や乳製品、白砂糖を使わず、甘みはメープルシロップや米あめなどで出しています。そのほか、おすすめはロールケーキ（400円）とたんぽぽコーヒー。米粉を使ったロールケーキはもっちりした食感で大人気です。

取材memo
pupuとは、ハワイ語で軽食の意。

いま、自分がいちばん食べたいものを

cobi factory

一日限定20食のコビごはんは950円。取材した日の主菜は高きびレンコンバーグ。野菜は「あいのう産直センター」「やさい安心くらぶ」（116ページ）から、米は近江八幡から無農薬のコシヒカリを取り寄せています

パイ生地に玄米ごはんと季節の野菜をぎっしりと詰めて焼き上げた玄米キッシュセットは700円。豆腐のニラ団子、じゃが芋とブロッコリーのスパイス煮、紅大根と豆のサラダに、人参ポタージュが付いて、大満足

名古屋市緑区若田1－212キャッスル・ビュティ1F
☎052－613－9729
休日　日・火・水曜日（2013年より月・火・水曜日の週3回のランチ営業に変わります）
営業時間　10時～17時（ラストオーダー16時30分）
席数　15席
駐車場　3台

一手間も二手間もかける

お店づくりのポイントは、とたずねると「居心地のいいこと」、そして日替わりのごはんは、「自分がいま、いちばん食べたいものをつくっています」というたってシンプルな答えが。でも、一汁五菜のそれぞれのおかずは、火の通し方（長く煮込む、さっと炒めるなど）や料理法（蒸す、揚げるなど）をさまざまに変えた、一手間も二手間もかけたもの。しみじみとおいしいなあと感じる味わいに満ちています。

デザートにいただいたベリーのタルトは、しっとりとした甘みの少ない生地が果物のおいしさを生かしている絶品。看板に「焼菓子のお店」とあるように、入り口付近には常時、焼菓子が15から20種類並びます。おなかの大きな女性や、小さな子ども連れのお客さまも多いとか。普段お菓子を制限されているアトピーの子どもたちが、ここではお母さんに「どれでもいいよ」といわれて、はしゃぎながらお菓子を選んでいるのを見ると、本当にうれしいと語ってくれました。

取材memo
近くには気持ちの良さそうな川沿いの歩道があります。クッキーの香りとともに散歩するなんて最高。

［店主からひとこと］

幼いころからケーキ屋さんになりたかったという、主の小尾真早美《おびまさみ》さん。しかし、正食の勉強をはじめてから、砂糖や動物性食品のカラダとココロに与える影響を知り、夢をあきらめかけたこともありました。20歳のときに名古屋のマクロビスイーツの先駆けであった「congari café」で砂糖・卵・乳製品なしのスコーンを食べて大感激。それからはオーガニックカフェで働きながら、家ではさまざまなマクロビスイーツの試作をする日々が続きます。2006年に独立。焼き菓子やお弁当を自然食の店などに卸していましたが、お客様の喜ぶ顔がじかに見たいと、念願のカフェを2009年12月にオープンしました。

季節のフルーツタルト（400円）と、ノンカフェインの穀物コーヒーと有機豆乳を使った穀物オ・レ（500円）。ドリンクには焼き菓子のおまけが。ドリンクとケーキをセットで頼むと50円引きに

健康を食で支えるマクロビ・コミュニティー

ベジカフェ ロータス

玄米ランチセット（1380円）は、もちあわのとろとろ春巻き、鉢巻き長芋カレー風味、かぼちゃのソイマヨ和えなど。それに発芽玄米ごはん、大根や人参がたっぷり入ったけんちん汁。メニューは2週間ごとに替わります

玄米ランチセットにプラス400円でドリンクとデザートが付きます。写真はオーガニックコーヒーと豆腐のチーズケーキN・Y風&ワイルドブルーベリーアイス。ケーキは旬にあわせて毎日変化、ベジアイスは12種類変化します

赤毛のアンのお店

『赤毛のアン』の家がモチーフという切妻屋根が印象的な建物。その名の通り、レンコン（LOTUS）の形をした木彫りのノブを引くと、自家製ケーキ＆アイスクリームのショーケースが出迎えます。どれも卵、砂糖、乳製品が入っていない手づくりスイーツ。甘味にはアガペシロップ・メープルシロップ・羅漢果・オリゴ糖などを用いているそうです。

あたたかくもすっきりとした北欧風インテリア。日替わりランチは、マクロビオティックやベジタリアンメニューで、無施肥・無農薬・有機栽培の野菜や果物などの食材を95％以上使用。動物性食品、砂糖や合成添加物も一切使用されていません。徹底した食材調達を可能にするのが、隣接の系列店で、創業20年を超える自然食品店「㈱玄気豊橋店」（117ページ）の存在。カフェのお料理を堪能したお客さんがレシピを聞き、「今夜の献立に」と、帰りにオーガニック食材を買い求めるケースも多く、マクロビアンが続々と育っています。

取材memo

チャリティーライブやエコ活動も推進する「ベジカフェロータス」。地球環境保全を日々の暮らしから実践するコミュニティーへと発展しそうです。

豊橋市西岩田6-16-12
☎0532-69-0880
休日 月曜日
営業時間 9時～19時
席数 42席
駐車場 17台

［店主からひとこと］

「重い病を食で治した」父の方針で、2歳～高校までマクロビ菜食で育ったというオーナーの安竹許由《もとよし》さん。生粋の草食系男子のうえ、お店のケーキづくりを担当する奥様もお肉が苦手と、まさにマクロビ人生を運命づけられたようです。大学時代の一人暮らしで「食生活がハジけた（笑）」ものの、食がいかに健康に影響するかを実感。卒業後も健康への興味は尽きず、資格をとって鍼灸治療院を開業。その後、「治りの遅い患者さんに食の提案を」と、ベジカフェを開店。「神経質にならず、週に一度はデトックスという感覚で、菜食を楽しんでいただければ」と、柔和な笑顔にも癒されます。

扉を開けてアンが駆け出てきそうな外観。店内は陽光に満ちたあたたかい雰囲気

母&娘が〝地縁〟を結ぶほのぼのカフェ

EDDI CAFÉ

週替わりの玄米ランチは850円。この日の惣菜は、実そばコロッケ、きんぴら、サラダ、お味噌汁（昆布だし）。韓国の天然塩入り玄米ごはんがおいしい

マクロビ・スイーツのイチゴのナチュラルプチタルト（450円）。イチゴの下にさつま芋のクリームが敷いてあり、甘味はりんごジュースで。オーガニックのジンジャー・ティー（450円）は、冬場に体をあたためる定番

愛知県刈谷市高倉町2-601 イトーヨーカドー刈谷店1F
☎0566-23-6355
休日 イトーヨーカドーに準ずる
営業時間 10時～18時30分
席数 20席
駐車場 イトーヨーカドーの駐車場が利用可能

地元の人に愛されるこだわりランチ

「EDDI CAFÉ（エディー カフェ）」の入り口の木製棚にズラリと並ぶ、多彩なオーガニック食品。実は、この棚、以前はなかったとのこと。店長の宗英理《そうえり》さんは、お母様が長年営んだこのカフェに入店後、マクロビ料理に興味をもちました。「最初に食べた玄米ごはんがすごくおいしくて、ハマっちゃったんです」と宗さん。その後、「野菜を皮ごと調理したり、甘酒で甘味をつけたりなんて、面白くって」と、マクロビの知識や調理法を楽しく学び、お店のメニューにも取り入れるようになりました。

食材にもこだわり、愛知県春日井市の土磨自然農園や、豊川市のベジモ愛知（117ページ）の無農薬・有機栽培の野菜を用いています。こだわりつつも、地元に愛されるお店として、「アレルギーのある方もない方も、一緒に楽しくお食事していただければ」と、一般料理+マクロビ料理というメニュー構成に。この日も、平日にも関わらず、あらゆる世代のお客様でにぎわっていました。

取材memo
スーパーの買い物客が気軽に立ち寄り、「この間のお茶、効いたみたい」と、ごく自然な形でオーガニック情報が交換されている様子が印象的でした。

あたたく休息できるごはん

MAHANA

MAHANAのごはん（1100円、ドリンク付き1300円〜）は、日替わりのおかず5種類+玄米ごはん、お味噌汁のセットです。この日は雑穀と干し椎茸のハンバーグ、こんにゃくとズッキーニの甘酒グリル、中華風冷ややっこ、じゃが芋とキャベツのカレー煮、もやしと人参のだし糀和え、玄米ごはん、お味噌汁

愛知県長久手市仏が根1819　クリオコート1F
☎0561-57-8918
休日 月・火曜日
営業時間 11時30分～17時
ランチ 11時30分～14時
（完全予約制の晩ごはんは18時～）
席数 15席
駐車場 5台

緑の風が吹き抜けるような店

「MAHANA（マハナ）」とは、ハワイ語であたたかさや休息という意味。小池京子さんが将来お店をつくったらと、ずっと前から考えていた名前だとか。長女がアトピー性皮膚炎でお米や小麦までも食べられなかったことから始めた自然食生活。そのころ出かけた穀物菜食ランチを出すカフェで、家族みんながあたたかい気持ちになり、自分もいつかこんなお店を開きたい、とずっと考えていました。

その後、自宅での料理教室や予約制ランチの時期を経て、２０１１年3月初めに長年構想をあたためていたカフェをオープン。友人の建築士にお願いしたのは「緑の風が吹き抜けるようなお店に」。無垢の木にえごま油を塗ったカウンターや家具、陰と陽を象徴する2枚の木の扉、美しい色の壁。「イメージどおりです」。

「食べてくつろいで、だけでなく、ワークショップや教室をしたり、いろんなものが回ってつながっていくようなお店にしたいですね」。ふんわり柔らかな笑顔がすてきでした。

取材memo
メープルシロップでやさしい甘みをつけたおからドーナツは、揚げたてをどうぞ（写真上）。２５０円（14時以降）。オーガニックティーはポットサービスで５００円。

入り口扉は太陽を、裏口の扉は月と星をイメージしてデザイン。白木でまとめたシンプルな室内を美しく彩っています

マクロビアンの癒しの集い場

空歩21

今日のランチの惣菜は、おからとひじきのサラダ、味噌ごぼうと車麩のアジア風炒め、ふきと切り干しのうま煮、もやしとアマランサスのナムル、こんにゃくのフライ、ひよこ豆のフリッター。ボリューム満点。野菜は皮までおいしくいただけます

岐阜県各務原市鵜沼東町7-1
☎058-385-4572
休日 月・木曜日、日曜日は不定休
営業時間 12時～17時。完全予約制（前日までに予約が必要）
席数 20席
駐車場 10～12台

授乳中のママも安心

ＪＲ鵜沼駅の北側、ゆるい坂の途中にある空歩《からっぽ》21。入口脇にコロコロと転がる丸い石、扉の丸窓に和みつつ、自然木のノブを引くと、すぐ左の板の間では、首が座る前の赤ちゃんを連れた若いご夫婦がお食事中でした。

この店では無農薬・無肥料または有機栽培の玄米や野菜を、天然の塩・醤油・味噌などで味付け、肉・魚・卵・乳製品・砂糖は一切使わないマクロビオティックを実践しています。水は回帰水を使用し、授乳中のママも安心です。

とりわけ酵素玄米ごはんに注目。無農薬有機栽培で育てた玄米を、ジャーで四日間ねかせたもの。赤ちゃんやお年寄りにも消化吸収できて滋養となります。オーガニック野菜はできるだけ地元のもので、調味料は美濃加茂市の「わらべ村」（108ページ）などで調達しています。

取材memo
授乳ママや、病気を食事で治したい人々が、ひっきりなしにご来店。マクロビ食の食材&レシピから農業イベントまで、情報満載のお店です。

［店主からひとこと］
スタッフとして四年間働いた後、閉店するつもりだったオーナーから店を引き継いだ千田陽子《ぜんだようこ》さん。地元出身で、「もともとオーガニックやフェアトレードに興味があり、地域に根づいた良い店を失いたくない」と奮起。「当初は必死」で店を切り盛りするようになりました。「わたしは濃い目の味が好きなので、熱心なマクロビアンはがっかりするかも」と笑いつつも、「野菜の味を大切に、誰もがおいしく食べられる料理」をめざしています。「皆さんのおかげ」と感謝の気持ちを忘れずに、蓄積されたマクロビ情報を発信したり、ヨガなどの健康講座を主催するなど、地元ファンが自然に集まります。

店内にはオーガニック食材やフェアトレード商品のほか、少しずつ増やしていったというフェアトレードのクラフト商品が並びます

地元野菜を一手間かけて心が喜ぶ料理に

穂の歌

おいしさ伝えるさまざまな工夫

2009年にオープンした穂《ほ》の歌《か》。心も元気になる食事を提供するというのが、このお店のテーマです。契約している地元農家から新鮮な無農薬野菜・お米を仕入れているほか、水は洞戸の天然水「高賀の森水」を使用。また、小麦は農家から粒のまま仕入れ、それを店で自家挽きしてスイーツやパンに使っています。

「人の体が食によってできていることを自覚してほしい」と話すシェフの渡邊楓旺梨《かおり》さんは、自然のエネルギーをたっぷり吸収した野菜のお

週替わりのランチは1200円。この日は、まず漢方茶が出て、そのあとに赤カブ・人参などのサラダ、おから・大根・アゲの煮物、自家製豆腐、それに写真のオートミールの肉団子風、玄米ごはんと味噌汁でした。男性でも十分満足できるボリュームです

店内は柔らかい日差しが入り込む明るい雰囲気

岐阜県養老郡養老町船附1354-1
☎0584-35-3513
休日 日曜・祝日
営業時間 モーニングタイム9時~10時30分、ランチタイム11時~14時、カフェタイム14時~17時
席数 25席
駐車場 20台

いしさを、少しでも多くの人に伝えたいと、メニューにさまざまな工夫をこらしています。この日のランチのメインはオートミールを肉団子風にアレンジしたもの。その味はまさに肉団子、しかもおいしい。これなら誰もが自然に野菜の魅力に気付くはず。渡邊さんの料理を食べるために何度でも通いたくなるお店です。

取材memo
店内は落ち着いた雰囲気。スペースも余裕があり、赤ちゃん連れのお母さんたちでもリラックスできそうです。

ランチにプラス200円でコーヒー、さらにプラス200円でデザートがつきます。コーヒー、紅茶、ハーブティーも有機にこだわっています

身も心もなごむ下町のお惣菜屋さん

お惣菜カフェ HAO

精白した砂糖を使わず、動物性食品も一切に使っていないお勧めお惣菜セット（1030円）のほか、今日のお惣菜5品セット（830円）、お好きなお惣菜5品セット（880円）などがあります。また各種お惣菜セットにプラス250円でドリンク（ミニおやつ付き）を追加できます

三重県四日市市芝田1－10－29
☎059－358－3528
休日 日・月曜日
営業時間 11時～20時30分
席数 16席
駐車場 専用2台、共同12台

野菜は地元農家のものが主体

木村栄太さんが「HAO（ハオ）」をオープンしたのは、奥様のアトピーが食事を変えることで改善したのがきっかけでした。「自分たちが安心して食べられるものを提供したい」。そんな思いから、地元の無農薬・有機野菜を中心とした野菜を仕入れて、正直で嘘のない味をめざしました。「インディアン、嘘付かない、ハオ」。そんな子どものころによく使ったフレーズからとった店名は、木村さんの真摯な思いが込められています。

この店がユニークなのは、自分で好きな惣菜を選べるところ。惣菜の種類はだいたい13～15種類。ブロッコリーの松前漬け、きゅうりのたたき胡椒和え、季節の白和え、プチトマトのマリネ、車麩のカツ、ひえのサラダ、トマトの味噌スープなどなど。主に野菜からとっただしを使い、体にやさしいものばかりです。木村さんの人柄も味に加わって、身も心もなごめます。

取材memo
惣菜が完売すると早く閉店してしまうこともあるので、お早めに。

店内はこぢんまりしていますが、とても居心地がいいです。惣菜のコーナーから自分の食べたいものを選ぶというスタイル

有機野菜と和食の融合

ベジキューブカフェ

夜中の午前2時まで営業

野菜と豆腐をメインとしたオーガニックカフェ。野菜は伊賀の有機JAS認定農家、米は減農薬のキヌヒカリ。いずれもオーナーシェフの天白裕志さんが足を運んで選び抜いた食材です。

この日の日替わりランチは、生マグロの刺身、紅白なます、きゅうりの胡麻和え、なすの味噌炒め 有機の玉ねぎ・人参、キャベツ・大根・ピーマン・アーリーレッドのサラダ、天ぷら（天然ブリ、有機おかのり、さつま芋）、豆腐入りお

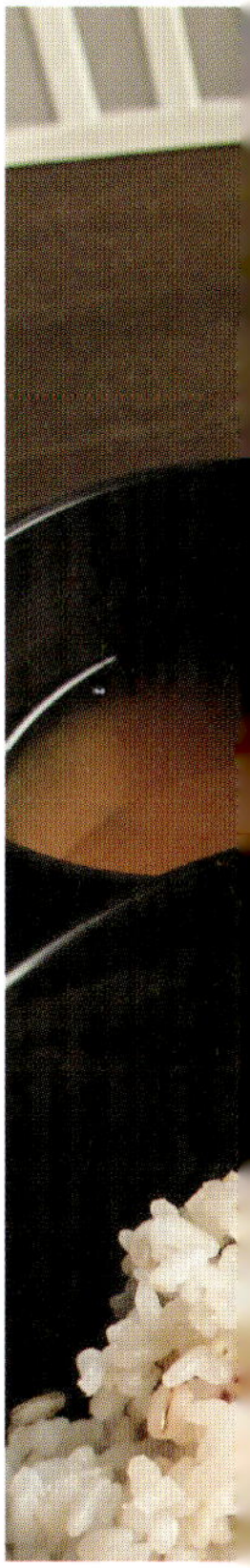

6品の日替わりランチは1050円、7品の豆腐ランチは1260円。いずれもドリンクとデザートがつきます。ドリンクは有機栽培深煎りコーヒー、紅茶、オレンジジュースから選ぶことができます

三重県四日市市ときわ1-3-7
☎059-351-0326
休日　不定休
営業時間　ランチタイム11時～15時、ティータイム15時～18時、ディナータイム18時～2時
席数　34席
駐車場　9台

店の前に置かれているオーナーの車が目を引きます

から揚げ団子など。有機野菜のしっかりした味はもちろんのこと、和食の料理人として修業を積んだ天白さんがつくる確かな料理が楽しめるボリューム満点のランチです。

　また、この店の大きな特徴は、午前11時から翌日の午前2時まで営業している点。そのため、ランチだけでなくティータイムやディナータイムの料理、ドリンクも充実しています。

取材memo
昼は和風ランチ、夜はお酒とオーガニックの料理と、幅広い年齢層が利用できるところが魅力です。

この日の豆腐ランチは、生マグロと生湯葉の刺身豆乳クリーム煮、有機のかぶ・人参、菰野産無農薬大豆のよせ豆腐サラダ、豆腐入りおから揚げ団子、有機ズッキーニ入りフリッタータ、とろろ湯葉など

自然への感謝から生まれる料理

山小屋カフェ 望仙荘

山小屋のおひるごはんは980円、ドリンク付き1300円、ドリンクとデザート付きで1500円。ほかに季節のカレー（800円）やお子様プレート（500円）もあります

三重県亀山市安坂山町1191-18
☎0595-85-1613
休日　水・木曜日　冬季休業あり
営業時間　11時~18時（ラストオーダー17時30分）ランチ・ごはんものは売り切れ次第終了。予約可
席数　25席
駐車場　店の前に広々とした駐車場あり

シンプルなのにおいしい

緑に囲まれた一本道を行くと、気持ちのいい空の下にあります。まさに山小屋カフェという形容がぴったりな外観。地元亀山出身の比田彰子さんとご主人、お姉さんが、オーガニックな暮らしをめざして、もともとあった山荘を改装してオープンしたのが2010年。以来、口コミで評判を呼び、子ども連れのお母さんなどでにぎわっています。野菜は化学肥料・農薬を使っていない地元野菜、お米は近くの棚田で自分たちで栽培したものを使っています。

取材当日の週替わりのランチ「山小屋のおひるごはん」は高野豆腐の揚げ物、おかのりと五ねぎの和え物、じゃが芋の煮っころがし、ズッキーニといんげんのトマト煮、野菜のポタージュ、それに自家栽培の玄米。シンプルなのに、野菜の味がしっかりしていておいしい。とくに玄米のもちもちした食感が幸せな気分にさせてくれます。自然に感謝しながら作物を栽培し、料理をするという暮らしから生まれてくる味にあたたかい感動があります。

取材memo
「この自然に囲まれた場所に、わたしたちは後から来て居らしてもらっている」という彰子さんの言葉が印象的でした。

この日のデザートはチャイプリン、キャロブのケーキ、りんごジュース

店内には子どもたちの遊ぶスペースがあります。店の隣にはキャンプ場、絵本屋さんも

◎野菜コラム　その一

情熱弁当

有機野菜弁当を宅配する

有機・無農薬野菜を中心とした弁当を宅配している情熱弁当。このインパクトある店名には、がんばっている生産者の情熱を伝えたいという原田主税さんの熱い思いが込められています。原田さんは高校卒業後、日本料理の職人をめざして上京。有名店で修業して料理長まで経験するも、お母さんの体調悪化によって名古屋の実家へ。その後、名古屋の有名外食チェーンに就職してエリアマネージャーまで昇格しましたが、そこで理想と現実のギャップに疑問を感じ、それが情熱弁当を始めるきっかけとなりました。

「病気などで外出できない人にもおいしいものを届けたい」というのが弁当の宅配というスタイルを選んだ理由です。国産食材使用率90%以上、野菜は有機または無農薬栽培のもののみ、肉魚卵類は薬品を使わない、自然な飼育の物をチョイス、鰹節のだしを使った、薄味の和食。弁当なのに揚げ物はほとんどなし、店舗で出た生ごみはEM菌を使い、ぼかし肥料として畑に還元。こんなお弁当屋さんは、ちょっとほかにありません。

一度食べたらほとんどの人がリピーターとなるほどおいしくて、ボリュームもあります。食材は原田さんが自分自身で納得して選んだものばかり。情熱弁当1500円

「食べる体験を大切にしてほしい」と原田さん

名古屋市昭和区前山町1-17-8
☎052-764-6690（24時間受付）
休日 不定休
営業時間 11時～18時（時間外応相談）
配達 主に名古屋市内に宅配。希望日前日の午後5時までに予約が必要

新鮮野菜の店

Lala natural Organic Cafe&Deli

無理なく自然に、野菜生活

今日のらら菜々（三年番茶付き、１２６０円）は野菜もボリュームもたっぷり。この日は冬野菜のクリーム煮、さつま芋のがんもどき揚げ、あらめといんげんの煮物、白菜とかぶのマスタードマリネ、根菜チップのサラダ

名古屋市緑区鳴海町向田209
☎052-623-0660
休日 月曜（毎月最終月曜はsweets suite lala mattu&shihoのツキイチcafe開催のため営業）
営業時間 火〜土曜日11時〜18時（ランチタイム11時30分〜14時30分）、日曜日9時〜17時（モーニング&やさい安心くらぶ朝市を開催）
席数 18席
駐車場 3台

毎週日曜には朝市も開催

イギリスに住んでいた20代のころ、知り合いのベジタリアンカフェを手伝い自然とオーガニックフードに親しんでいったというオーナーの小林彩さん。しばらく名古屋を離れ、2009年に戻ったときに、小さいころからなじみのあった鳴海商店街に空き物件があり、「いろいろなタイミングが合って」オーガニックカフェを自ら経営することに。

「マクロビオティックを取り入れていますが、そこにこだわっているわけではありません」と小林さんはあくまで自然体。「こんなに、野菜っておいしいんだ」とか、「疲れていたけれど、このごはんでほっとしました」といわれたときが一番うれしい、と笑います。

毎日たっぷり使う野菜は、知多から週3回届けてくれる「やさい安心くらぶ」から。毎週日曜には、取れたての野菜や卵を販売する朝市を開催したり、親しくしている「pupu kitchen」（30ページ）のシェフを招いてワークショップをしたりと、楽しいイベントも目白押しです。

取材memo
友人たちと改装した店内にイギリスのアンティーク家具や雑貨、照明などが彩りを添えて。気に入ったら購入することもできます。

卵や牛乳などを使用しないケーキも常に2、3種類あります。写真はりんごとデコポンのタルトにオーガニックティー

野菜のおいしさを改めて知る

organic cafe pinch of salt

この日のサンドイッチランチは高野豆腐のカツサンドにサラダ、ブロッコリーと大豆のトマトソテー、コーンポタージュ。穀物コーヒーなどのドリンク付きで1150円。野菜は主に「あいのう流通センター」（116ページ）から仕入れています

練りごまと豆乳を使ったごまきな粉オレ（クッキー付き・630円）は香ばしくておいしい。マフィン（250円）は日替わりで2、3種類。写真はオレンジとココア味

名古屋市名東区藤巻町1-2-1383
☎052-782-1008
休日 月・火曜日
営業時間 11時30分〜18時（ラストオーダー17時30分）ランチタイムは11時30分〜15時
席数 18席
駐車場 5台

塩をつまむ手が店のロゴ

店名は英語で「ひとつまみの塩」の意。玄米を炊くときも、お菓子をつくるときも、必ず入れる大切な塩。それをつまむ手がお店のロゴに使われています。

「オーガニックにこだわってはいません。カフェに来てたまたま食べたごはんで、玄米や野菜のおいしさを知ってもらうのもいいですよね」と話すオーナーシェフの宮崎武さん。店造りでお世話になったプロデューサーや何かと応援してくれる近所の人、そして息子・響くんの誕生。「ここに来てからいろんな出会いをもらうのが、不思議なくらいです」

人気の日替わりposごはんのほかにサンドイッチランチなど、パンメニューも。パンを蒸して使うなど、さまざまな工夫をこらしながら、メニューを組み立てています。2010年秋には、パートナーの真知子さんが切り盛りするマフィンの店「ladybug」（117ページ）もオープンして忙しい毎日ですが、一日一日お客様との出会いを楽しみながら、厨房に立っています。

取材memo
「イタリアの田舎の食堂のような」ぬくもりのあるインテリア。窓からみえる四季折々の情景を楽しみながら、ランチやお茶をいただけます。

［店主からひとこと］
体調を崩していたときに、真知子さんのすすめで、夫婦共々玄米菜食生活に。「最初はカラダのためと思って食べていたのですが、ある日突然、玄米や野菜がすごくおいしい、と思うようになって、活き活きしてくる実感がありました」。ぐんとスリムになり、体調も回復。その後、名古屋のマクロビスイーツの草分け「congari cafe」のシェフを経て、広大な公園が目の前にある一軒家で店を開きました。「こんな地下鉄の駅もバス停も遠いところで、といわれたりしたのですが、不思議に不安は何もなかった。本当においしいものを提供すれば、どんなところでもお客様は来てくださると確信していました」。

塩をひとつまみする手が描かれた店の看板

意外性のある野菜ランチ

ポジティブフードカフェ　ボウ

ランチは、ピーパン（スープ付き、700円）。プラス300円でドリンクが付きます

ヴィーガンマフィン
（300円）

名古屋市昭和区花見通1-44-5
052-761-3100
休日 水曜日、第1・3木曜日
営業時間 9時～18時（モーニング11時まで、ランチ11時～14時30分）ラストオーダー17時30分
席数 27席
駐車場 なし

アートな空間で楽しく

子どもからお年寄りまで、みんなが集えるようにと、2010年3月、広々とした公園に隣接する場所でお店を開きました。オーナーの阿部満里子さんと渡辺友美さんがデザインしたというインテリアは、白を基調にこざっぱりとしていますが、何といっても美術家、望月通陽《みちあき》さんのイラストが楽しい雰囲気を演出しています。

メニューは、「いろんな人たちに楽しんでもらいたいから」と、ヴィーガンのものもあれば、卵や乳製品を使ったものもありますが、どれも添加物不使用。「味が素朴なので、食べたときの意外性や組み合わせのおもしろさを楽しんでほしいです」という渡辺さん。この日は、ブロッコリー・パプリカ・トマト・赤玉ねぎとハムのピーパン。うん、確かにユニーク。

「世界平和の祈りを込めているんです」と控え目に阿部さん。大げさなようにも思えますが、気持ちのよい空間でおいしいものを食べていれば、人は前を向いて生きていけそうです。

取材memo
*店は2013年3月までには閉め、その後、フードトラックとして再出発するそうです。今後の予定はブログ（boucafe.exblog.jp）でチェックを。

創業65年の名古屋の東一文具が開発した、みつろうを使ったクレヨンを応援するために、店内で販売しているほか、さまざまなサポートを展開。一つひとつ手づくりで安全なクレヨンです

医食同源を究めるお洒落な薬膳カフェ

5/R 自然の薬箱

カフェ&キッチン

メインが選べるランチは1000円。写真は、ときしらずのポワレ海藻のソース、りんごとカブのマリネ、鶏のしょうが和え、野菜スープ、雑穀ごはん

東洋医学に基づき健康をサポート

カフェ＆キッチンは「5/R自然の薬箱」が運営する健康文化館の2階にあり、1階には漢方相談薬局、4・5階にはボディワークスタジオ・ボディケアルームが入っています。カフェフロアは、白いストリングカーテンと北欧風家具がスタイリッシュ。窓から降り注ぐ陽光が鏡張りの壁に反射して、店内は明るく開放感に満ちています。

この店では、東洋医学に基づき、季節の健康をサポートする薬膳料理がいただけます。食物に本来備わった病気を予防・治癒する作用、老化を防ぐなどの効能を活かしたお料理です。しかも、中国伝統医学（中医）の薬膳指導員、管理栄養士、野菜ソムリエの有資格者が、シェフと一緒にメニューづくりをする本格的な薬膳。主に愛知県弥富市の伊藤農園から仕入れる低農薬野菜を用いた創作料理は、塩分・糖分を控えた薄味で、それだけに野菜の滋味を感じます。何とカロリー計算まで施され、ダイエット中の人も安心。

取材memo
メニューには、腎（腎臓を助ける）・潤（潤いをもたらす）・消（消化器をいたわる）・温（体をあたためる）の表示が並び、薬膳情報が満載。

名古屋市千種区今池1−2−7 健康文化館2F
☎052−734−3037
休日 水曜日
営業時間 11時〜21時（ラストオーダー20時30分）
席数 40席
駐車場 なし

「医食同源」の清らかなイメージが重なる白を基調にした店内で、白いユニフォームのスタッフが爽やかにサービス。ランチタイムは、OLや学生など女性客でにぎわいます

緑陰に心ほどける森のカフェ

白鳥物語

舌も目も喜ぶカジュアル・スローフード

店名も優美な白鳥物語は、名古屋随一の規模を誇る日本庭園「白鳥庭園」の北西に位置し、庭園の借景やテラスを囲む木立ちの緑も目のごちそう。野菜はすぐそばの中央卸売市場から仕入れています。「できるだけ体によい旬の食材を厳選しています」と店長の安井幸男さん。長年の厨房経験からスローフードを柔軟に解釈し、本当においしいと感じられる確かな味をめざしています。

ランチの前菜ビュッフェは、ソフトドリンクバー付きで1600円。ごぼうと人参のサラダや、豆と昆布とオクラの和え物、大根や里芋の煮物など、緑黄色野菜・根菜・豆・海藻類が豊富で色どりも鮮やか

こだわりの玄米は特別栽培の富山県黒部産こしひかり。ビュッフェには、雑穀入り玄米ごはんのほかに、白米のごはんも用意してあり、スローフード初心者やお子さまにもうれしい配慮。カゴ盛りの生卵は愛知県西三河の村瀬久雄さん親子が飼育する赤鶏の濃厚卵で、卵がけ、とろろごはんと、お好きなように割りいれて。肉料理には、徳島県美馬町の阿波尾鶏を使っています。ズラリと並ぶ和洋折衷の創作料理は、幅広い年齢層に人気です。

取材memo

お店の母体が食材の商社ということも、上質のお料理を安定価格で提供できる理由。お料理やお茶にはマイナスイオン水を使用するなど、森カフェにふさわしいこだわりも。

三面採光で明るく開放感のある店内

名古屋市熱田区熱田西町1-21
☎052-688-0039
休日 月曜日（祝日の場合は火曜日）
営業時間 11時～15時（ラストオーダー14時）、17時30分～22時（ラストオーダー20時30分）
席数 82席
駐車場 36台

緑につつまれた外観。ほかのメニューには、前菜ビュッフェにホタテグラタンをプラスした海の幸物語（2000円）、特製ハンバーグをプラスした山の幸物語（2200円）、阿波尾鶏の味噌ステーキをプラスした白鳥物語（2600円）がある。ディナーはプラス300円

力強くも繊細な自然派イタリアン

Grande la mano

ランチのピアットウニコ（1800円）は、味の濃い野菜を堪能できます。この日は、和牛・豚・フォアグラのパテ、有機野菜のフリッター、真鯛のカルピオーネ、ポルペッティーニなど盛りだくさん

この日のデザートは、メロン、スイカのパンナコッタ

名古屋市天白区表山2-401
☎052-861-1233
休日 金曜日
営業時間 平日は10時〜19時（ランチは11時〜14時）、土・日・祝日に限りディナー営業（17時〜21時）
席数 20席（個室最大8名まで）
駐車場 4台

おいしい野菜を一工夫

2012年5月に、イタリアンからベーカリーへと新装した「Grande la mano（グランデラマーノ）」。オーナーシェフの西川崇さんは寡黙な職人風ですが、食材や調理法、メニューへのこだわりがすらすらと、おいしいものを提供してくれる安定感があります。

野菜は、名古屋市中川区と千葉県の契約農家から有機、無農薬栽培のものを取り寄せています。ランチの時間帯の食事は「ピアットウニコ」という、前菜や肉・魚を使ったメインが一皿に盛り合わせになったプレートランチ。焼きたてパンはおかわり自由で、食後のドリンクとドルチェがセットになっています。野菜それぞれにあわせた火の入れ方で食感と香りもよく、また、きちんと酸味を利かせたり、香草で味に変化をつけたり、楽しくおいしい一皿です。香り豊かなオーガニック小麦で焼き上げたパンも絶品。自然の力強さを生かしつつ繊細な料理に仕上げる、そんな身も心も元気になるイタリアンな雰囲気のランチメニューです。

取材memo
毎月の第3土曜日には完全予約制の新鮮な野菜をふんだんに使った本格的なイタリアンが食べられる自然派イタリアンの会（18時30分〜）を開催しています。

店内の販売コーナーでは、天然酵母のハード系やピッツァ、カルツォーネ、フォカッチャといったイタリアンな総菜パン、自家製カスタードクリームを使ったクリームパン、オリジナルメロンなど、多様なパンが揃っています

いつもの日常で味わうおいしい野菜

野菜カフェ オンフルール

ボリューム満点で、まさにザ・ランチという感じです。しかし、使われている野菜はいずれも納得のおいしさ

モーニングにプラス50円でつく野菜プレート。小さな野菜がひとつのプレートに小分けされている様が、なんとも愛らしさを感じます

名古屋市瑞穂区鍵田町2-9
☎052-851-8883
休日 日曜日・祝日
営業時間 10時～18時（モーニング10時～11時30分、ランチ11時30分～15時）
席数 19席
駐車場 1台

野菜ソムリエが食材を厳選

近所の人が通う普通の喫茶店という雰囲気のオンフルール。しかし、モーニングやランチの野菜に対するこだわりや、自家製パンやコーヒー、紅茶、デザートなどのおいしさは、知っている人は知っているという存在です。

野菜は大府市の「げんきの郷」（116ページ）で、無農薬のものを中心に直接仕入れています。なにしろ店主が野菜ソムリエなので、その目は確か。モーニングの時間帯、有機コーヒーにプラス50円で追加できる野菜プレートは、見た目がかわいいのに加えて、いろいろな野菜が食べられるので人気メニューになっています。この日、旬の野菜を使ったランチは、自家製塩麹の鶏の唐揚げ、さばのしょうが焼き、蔓紫のおひたし、かぼちゃの煮物、人参のマリネ。これで750円はお得、しかもおいしい。ランチは「おいしい野菜はおいしい」という当たり前のことが実感できる普段の食事という感じ。店内には、そんな豊かな食事を中心とした日常の時間がゆったりと流れているようです。

取材memo
無農薬の有機栽培コーヒー、東京吉祥寺にあるカレルチャペック紅茶店の紅茶のほか、新鮮な産直野菜・果物でつくるベジフルジュースなど、こだわりのドリンクもおすすめ。

店内は普通の喫茶店という感じです。上の写真は、右が北海道産の小麦「はるゆたか」を使った自家製パン。1日3回焼きます。左は、かぼちゃのロールケーキチョコクリーム入り（450円）。旬の野菜を使ったデザートも驚きのおいしさです

一歩、一歩、うそのない誠実な料理を

pas à pas

ガレットはフランス・ブルターニュ地方の郷土料理。生地はそば粉100%です。このほか、週替わりのランチ（950円）、お野菜いっぱいオムライス（海老880円、ハム800円）、ハヤシライス（800円）などがあります

名古屋市西区那古野1−23−4
☎052−485−7558
休日　水・木曜日
営業時間　11時30分～17時
席数　13席
駐車場　なし

フランス気分で味わう野菜の時間

名古屋を拠点にスタイリストとして活躍してきた紫藤晴己さんが、「第二の人生、やりたいことをやろう」と地元の円頓寺に新鮮な野菜を使った料理を出す「pas à pas（ぱざぱ）」をオープンしたのは2011年のこと。高校時代からフランス料理を習うなど、フランスが大好きだったという紫藤さん。「ぱざぱ」はフランス語で「一歩、一歩」という意味です。

料理は、国産で出所がわかる減農薬・有機の野菜を使い、できるだけ手づくりで、できるだけ天然の素材からだしを取り、できるだけ加工食品を使わないように心がけているそうです。「できるだけ」というところに紫藤さんの誠実さを感じます。この日の、フランスの伝統料理ガレットをアレンジしたランチは、海老のクリーム仕立てとポテトサラダ、これにデザートとコーヒーがついて950円。フランス気分でこんなにおいしく野菜が食べられるなんて、新しい発見です。

取材memo
紫藤さんは食育マイスター、ペット食育指導士、野菜ソムリエの資格をもっています。これからはライフスタイルを含めた提案をしていきたいと話していました。

特別注文のステンドグラスから入るやわらかい光に、心が和みます。店内はさすがスタイリッシュです

重ね煮のおいしさを実感

自然庵

日替わりの玄米ランチは800円（ごま豆腐・デザート付き1000円）。この日のメニューは、里芋コロッケほうれん草ソース、ズッキーニのマリネ、なすの寒天寄せ、あつあげの煮物、きゅうりとわかめの酢のもの、こんにゃくサイコロステーキ。本葛でつくったごま豆腐は毎朝つくります。野菜は地元のお店から新鮮なものを仕入れています

おいしく、たのしく、ありがたく

以前は、プロパンガスの販売をしていたというオーナーシェフの米倉安義さん、妻の病気をきっかけに、一転、食の道へ。1年程、岡山県の山奥にある「百姓屋敷わら」に住み込み、農的暮らしと自然食を学びました。

自然庵のごはんは、「わら」で教わった「重ね煮」が中心です。これは、上に伸びる葉っぱ類は下の方に、下にのびる根菜は上のほうにとひとつのお鍋の中で重ねて、少々のお塩をふり、弱火でゆっくり火を通していく調理法。重ねて蒸し煮をした野菜は、甘みが十分に引き出されているのでいろいろな料理に応用でき、たとえば、おだしを使わなくても、水と味噌だけでおいしいお味噌汁になったり、シンプルなポテトサラダでも深みのある味が出たりします。

お店の名前「自然庵」は、〈しぜんあん〉ではなく、〈じねんあん〉と読みます。これは、「自分から発する力」を大切にしたい、という思いを込めて。「おいしく、たのしく、ありがたく、がモットーです」。

取材memo
好奇心旺盛で少年のような米倉さんも魅力的です。

名古屋市昭和区川名山町51-1 川名山ビル いきいきガーデン
☎052-832-0881
休日 日曜日
営業時間 11時～14時
席数 22席
駐車場 6台

左の写真は予約可能なお弁当（1000円）。このほか、手づくりの梅干し・らっきょう・塩麹も販売（写真上）。また、金・土曜日のみ、4名以上の予約で夜の懐石がいただけます。3500円から

アドリブが楽しいスパイシーカレー

カレー食堂 ホジャ・ナスレッディン

丁寧なカレーを気軽に

ご主人の石川直樹さんは、カレー修業のために2カ月ほどインドを旅し、2010年2月にお店を開きました。「インドで食べた料理を身近な食材でおいしく料理したい、小技を効かせてね」。

たとえば野菜カレー。地域でとれた安全な野菜を季節に応じて5種類前後、くたくたに煮込み過ぎず、野菜それぞれの持ち味と食感、風味を活かしつつ、そしてスパイスをやさしく効かせたおいしさは、ちょっと驚きです。

直樹さんと妻のさをりさんは、名古屋市内の

欲張りな人にはカレー2種セット（1000円）がおすすめ。写真は野菜とマトン。マトンカレーは、羊特有の風味を残しつつ、辛さとスパイスが効いたパンチのある味でした。カレーにはピタパン、ごはん、サラダが付きます。その日の食材をみながら、スパイスを調合、「おいしい」をイメージしながらアドリブで料理するそうです

名古屋市昭和区宮東町358-1
☎052-782-0731
休日 日・月曜日（祝日は営業）
営業時間 11時～14時、17時30分～21時
席数 16席
駐車場 2台

トルコやインドの旅話が聞けるのも魅力です

オーガニックカフェで働いていました。だから野菜の選別はもちろん、野菜のおいしさを引き出す料理の仕方もお手のもの。「スパイシーなカレーでも、味のベースになるのは、やっぱり野菜そのものの味なんです」。

　添えられるごはんは、岐阜県産の低農薬栽培によるハツシモを7分搗きで硬めに炊いてあり、カレーとの相性ばっちり。さらに、ピタパン。さをりさんが育てたレーズンの酵母を使った全粒粉入りで、もっちり、香り豊かで、美味です。

取材memo

「ホジャ・ナスレッディン」は、トルコや中央アジアなどで広く知られるとんち話の主人公で、日本でいうところの一休さんのような、ユーモアがあり、機知に富んだ、皆に愛されている賢者だそうです。

スパイシーなカレーのあとには、さっぱりとしたデザートを。写真はトルコ風ライスプディング、トルコチャイとセットで500円。生米をゆっくり炊き、牛乳、さとう、米粉などを加えていきます。とろっとした口当たりです

おいしいおむすびって、なんだかしあわせ

おむすび＋カフェOMU

店内でいただくならおむすびにおかず、お味噌汁（もしくはお米のスープ）、デザート、ドリンクがセットになったランチがおすすめです（Cセット890円）

愛知県みよし市三好町小坂56
☎0561-34-5734
*FAXでも注文を受けています（0561-34-5791）
休日 日曜日、祝日の月曜日
営業時間 10時30分～18時（4～9月は18時30分まで、祝日は14時30分まで）ランチは10時30分～14時
席数 21席
駐車場 4台

ぎゅっとにぎって30種類

「シンプルだからこそ、ちゃんとしたものを」と、お米は有機栽培、無農薬米を農家から直接仕入れ、使う分だけ精米し、ガス釜で炊いて注文を受ける度に「にぎりたて」を提供しています。お店の名前にもなっている「OMU（オム）ペッパーチーズ」むすびを一口。ふんわりとにぎられているので、お米一粒一粒を味わいながら……。ベーコンとチーズの風味にブラックペッパーがピリリと効いて、意外にのりの風味とよく合います。

具材は、毎日2種類の日替わりとあわせて、常時30種類近く。「おむすびは、日本のファーストフード。毎日、気軽に食べてもらいたいから」と、梅やおかかといった定番から、青しその実や納豆おかかといった季節の具や変わり種まで、選ぶのに悩んでしまいます。もちろんすべて無添加で手づくりです。

「良質なお米を真面目につくっている農家の人とおいしいお米を食べる人、お互いが喜ぶように」。OMUのおむすびには、熱い思いがぎゅっとにぎられているのです。

取材memo
自分では思いつかないな～という具にぜひチャレンジを。

［店主からひとこと］
「小さい頃から手伝わされて嫌だった」という三代目、野々山靖晃さん。家業の米屋を継ぐ気はなく、ニューヨークや南米を点々としながら貿易の仕事をしていましたが、突然、「そろそろ帰って来ないか」と。「継ぐからには、単にお米を売るだけじゃなく、新しいことをしたい」と、2006年4月、おむすびカフェをはじめました。お米や具材だけでなく、豊富なメニューや親しみやすいインテリアにもこだわるのは、「小さい子どもからお年寄りまで、いろいろな人にきてほしい」という願いから。日々、メニューを更新したり、米粉のスイーツを試案したり、「長く続けていきたいから、いろいろ挑戦したい」と意欲的です。

デザートの豆乳の米粉シフォンケーキ

わたしの体のためのハーブティー

CASSE CROUTE

居心地のよい隠れ家で

お店に入ると、ふんわりとやさしい香りに包まれます。小学校4年生の頃からハーブが好きというCASSE CROUTE（カスクルート）オーナーの長友ゆかりさん。有機栽培された質のよい輸入ハーブを中心に、自家栽培もしています。ハーブは、穏やかに体の調子を整えて、免疫力も高めてくれます。体の状態にあわせてオリジナルでブレンドもしてくれますが、「自分の好きな香りが、自分の体にとっていいんですよ」。

季節に応じて3～4種類焼かれる手づくりのケーキもおすすめです。この日いただいたのは、

季節のケーキは400円～。この日は無農薬梅ジャムのケーキ。ケーキの味の要である材料は、有機、無添加、地元のものを使っています。季節の果物やハーブを取り入れたケーキは、素朴ながら飽きのこないしっかりとしたおいしさです。テーブルクロスはオーナー手製の刺繍です

愛知県愛知郡東郷町諸輪上鉾12-421
☎0561-39-0974
営業 毎月20～26日、12時～17時。その他、ハーブやアロマの教室を開いています
席数 9席
駐車場 なし

オーナーの自宅を一部改装したカフェ、庭でハーブを育てています

梅ケーキ。しっとりとしていて風味豊か、国産小麦に発酵バター、地元の卵にきび砂糖と、上質な材料でつくられた確かなおいしさです。歯ざわりがよいトッピングの梅は、無農薬の梅で漬けた自家製の梅酒のものでした。

　息子さんが生まれつき重度のアトピーだったことから食事の大切さを身をもって知り、たくさん勉強もしたという長友さん。注文に応じて、卵やバターを使わないケーキもつくっていただけます。

取材memo
ハーブティーが苦手だったわたし、おいしいハーブティーはおいしいのでした。

ハーブティーは600円～。女性にいいのよ、と、自家製のレモンバーベナをはじめ、マローブルー、エキナセア、ローズ、ラベンダーなどをブレンドしてくれました。ノンカフェインなので妊婦さんでも安心です。体があたたまるハーブ入りのミルクティーもおすすめ

おいしい野菜が食べられる現代の大衆食堂

ミツバチ食堂

この日食べたのはオムライス。まさにやさしい味

ミツバチ食堂という木製看板がこの店の魅力をよく表しています。弁当も販売しています（500円〜）

岐阜県岐阜市日ノ出町2-5
☎058-266-5004
休日 月曜日
営業時間 11時30分〜20時（日曜日は18時まで）
席数 19席
駐車場 なし

一人でも居心地のいい空間

岐阜・柳ヶ瀬の昔ながらのアーケード街、その一角にある「ミツバチ食堂」。その店名の響きが、心にあたたかい灯りをぽっとともします。奥へ長く伸びた店内の壁はグレー、昔ながらの懐かしい大衆食堂という言葉がぴったりの雰囲気。おいしいごはんが食べられる、そんな期待で思わず笑顔になる空間です。

メニューはオムライス、漬けまぐろ丼、炒り豆腐のベジビビンバ、煮魚定食、ミックスフライ定食など。いずれも750円から1000円の値段です。これらのメニューは、できる限り自然農法・有機農法の野菜（有機JAS認定）を用い、化学調味料は使わず、天然だし・天然塩・有機認定マーク付きの醤油と味噌で丹精したもの。

体と心があたたかい空気に包まれるような、そんな不思議な時間が流れている店内で食べる「おいしいごはん」。本来、食事って、こういうものだったんだなあと納得できる現代の大衆食堂。一人でふらっと行きたくなるお店です。

取材memo

オーガニックカフェ「mb cafe」が「普通の人に、体にいい食事を楽しんでほしい」という願いのもとに、現代の大衆食堂をめざしてリニューアルしたのが同店です。

◎野菜コラム　その二

オーガニック　安全とおいしさ

無農薬であり、かつ、化学肥料を使っていないという二つを満たしていることが、オーガニック農産物の最低条件です。無農薬だけでは、オーガニックとはいえません。よく無農薬野菜という言葉を耳にしますが、その背景には、良い悪いは別にして「農薬は使っていないけど化学肥料は使っています」という意味があります。

そして、もうひとつの重要なのは、JAS法によってオーガニック農産物が明確に定義され、原則として、JAS法に則って認定された農産物だけが、オーガニック・有機と表示して販売することができるようになったという点です（JAS認定されていない農産物でも、実態が伴っていれば、広告などで有機農産物と謳うことは可能）。

この有機JAS法が果たした役割はきわめて大きいのですが（それまでは農薬や化学肥料を使っていても、有機質肥料さえ使っていれば有機野菜として販売することもできた）、農家に大きな負担を強いるなど問題点もたくさんあります。

JAS認定された農産物であれば安全かというと、ひとつの目安にはなります。有機と謳っている野菜は安全かというと、それはその言葉を信頼できるかどうかの問題です。食べ物の安全は、つきつめれば信頼がカギを握っています。その信頼はきわめて危うい土台の上に成り立っているため、提供する側、受ける側双方が、少しでも強固な土台となるように努力し続けていくことが大切なのでしょう。

さらに、農産物のおいしさは、オーガニックとどれだけ関連があるのかというと、よくわかりません。オーガニックだからおいしいとは一概にはいえません。やはり農産物のおいしさを発見するには、まず信頼できる「つくり手」を見つけ、良い関係を築いていく以外に方法はないのではないかと思います。

地産地消の店

ワンコと一緒に採りたてのハーブ・ランチ

リバーサイドガーデン 花物語

主に自家農園の野菜を使用

名古屋市守山区の矢田川近くの土地に、三輪耕司さん・咲子さんご夫妻がカナディアン・ログを建てたのは13年前。隣接する自家農園は無農薬・有機農法にこだわり、堆肥などを施して野菜づくりに適した土にするまで、5年程かかったとか。「最初はラベンダーを育てたかったのに、土が合わなくて」と笑う咲子さんですが、今や多種類のハーブや野菜が育っています。週末と祝日のみ営業するカフェでは、農園採りたてのハーブや野菜を用いた特製ランチがいただ

ランチの花ご膳は1500円で、終日オーダー可能。この日の惣菜は、カブと人参のハーブソースサラダ、トマト(愛子)と具だくさん野菜スープ・大豆・ハーブ入り、じゃが芋グラタン、自家製パン。鶏肉を加えた「ワンワン定食」(大型犬用1000円)も

名古屋市守山区桔梗平1-1407
☎052-736-5773
営業 土・日・祝日のみ営業
営業時間 11時～16時45分
席数 18席
駐車場 5台

年を経て趣きを増したカナディアン・ログ

けます。旬以外の野菜や不足分は、スーパーで普通の野菜を仕入れますが、魚や肉は一切用いず、ハーブ効果の高い美容と健康を意識したお料理が並びます。

このお店のもうひとつの顔は、愛犬と一緒にランチが楽しめるドッグカフェ。ドッグランを囲む30種類以上のバラの植栽は、5月には満開となり、店名のごとく芳香漂うバラの館となります。看板犬のゴールデンリトリバーのハナコ&ミルクも、お客様を大歓迎。

取材memo
素朴でやさしいご夫妻が郊外でのどかに営むカフェでは、人も犬もリラックス。バラの季節は見逃せません。バラやハーブ、野菜の栽培方法などを気軽に聞けます。

「花ご膳」につくデザートもすべて手づくり。この日は焼き立てのブルーベリーマフィン。予約をすれば、50人までの立食パーティー利用も可能

旬の野菜をたっぷり使ったランチ

vege vege

日替わりランチには約20種類の旬の野菜が使われています。そのどれもが繊細な味付けで野菜本来のうまみを引き立てるまさに「野菜が主役のごはん」。取材した日はササミのフリットと彩り野菜のグリーンソース

名古屋市北区黒川本通4-18-1
☎052-991-0017
休日 月曜日（祝日の場合火曜休み）
営業時間 ランチ11時30分～14時（ラストオーダー13時30分）＊土・日・祝日はランチ休み
ディナー17時～24時（ラストオーダー23時）
席数 40席
駐車場 なし

野菜の自家栽培も始める

硝子戸を引いて入ると「いらっしゃいませ」と元気な声が出迎えてくれます。「vege vege（ベジベジ）」は、隣接する八百屋「ふたご屋」（117ページ）と同時に誕生したユニークなお店です。「野菜のおいしさを知ってもらうお店を開くことにしました」というオーナーシェフの大賀貴朗さんは、店を構えるに当たって「まずは僕たちが身をもって農業を体験することが大事」と、仕事の合間をぬって三重県嬉野町の天地農園に通い、自然農法（無肥料、無農薬）を学んでいます。今年（2012年）5月には、野菜を自家栽培するため、北名古屋市に「vege vege ファーム」もつくりました。おすすめの食材はもちろん、取れたての旬の野菜。「知れば知るほどもっと野菜のことが勉強したくなる。本当は卸市場で働いてみたいんですが、体がいくつあっても足りませんね」。昼も夜も「ちょっとカラダのことを気にしてる、でもおいしいものを食べたい」という人たちの笑顔が見たくてがんばる毎日です。

取材memo
日替わりランチ（880円）と野菜たっぷりミートローフランチ（880円）はほぼ毎日完売になるという人気ぶり。他にもカレーやパスタのセットもあります。

人気メニューのひとつ、農園vege vegeバーニャカウダー（980円）は、自家製のにんにくとアンチョビを使ったこくのあるバーニャカウダーソースが、生野菜を引き立てます

「食」を通じて世界とつながろう

食堂&café ひとつむぎ

幻のコメ、さわのはなごはんセットは980円(ドリンク付き)。「さわのはな」とは山形で昔から食べられてきた、米粒は小さいけれど胚芽が大きく、発芽力の強い品種。ひとつむぎイチオシのおいしいごはん

愛知県知多郡東浦町大字緒川字姥池29-4
☎0562-85-3982
休日 火曜日
営業時間 11時〜18時（月曜日のみ15時まで）ランチタイム11時〜15時、ラストオーダー17時30分
席数 20席
駐車場 13台

多彩な野菜をひと工夫

オーナーシェフの前田寛《ゆたか》さんにお店の売りは、とたずねると「野菜のいろんなバリエーションが食べられること」という答えが。取材にうかがった週の主菜は「もちもち大根のおろし揚げ」。レンコンかしら、と思うほどもっちりとした生地は大根おろしに3種類の粉を足してつくり、中に混ざっている歯応えのあるものは、大根の皮を干した切り干し大根と大根葉なのだとか。ふうわり揚がって、思わず「おいしい」と声の出る逸品です。

使っている野菜はほとんどが自家製菜園や近くの畑、周辺の直売所の新鮮な「今、あるもの」。それを家庭の総菜とはひと味違った工夫をこらしたメニューで提供し、開店して2年足らずでたくさんのお客様が来てくださるようになりました。

一粒の麦が種をつけ、大きな収穫につながっていくように、「人と人、人と自然、ものにまつわる物語をひとつずつ丁寧に紡ぎたい」という店主の思いが、少しずつ伝わっているに違いありません。

取材memo
温暖で野菜や果樹栽培の盛んな知多半島の北部、東浦町にあります。知多半島道路東浦知多インターから車で1分。お休みの日には名古屋をはじめ遠来の客も。

「店主からひとこと」
前田寛さんはアパレルの仕事をしていた20代半ば、「アフリカに行きたくて」ピースボートに参加します。さまざまな国を回りながら、環境や人権問題などに取り組んでいるゲストの話を聞く3カ月間。「旅が終わるころには社会のいろんな矛盾が胸にせまり、世の中に迷惑をかける仕事はしたくない。自分の気持ちが納得できる仕事をしたいと思うようになりました」。その後地元、大府に帰り直売所で働きながら畑仕事をする日々。それでもやはり、自分の思いを直接伝える仕事がしたいと、東京に出て吉岡淳氏の主宰する「カフェ・スロー」で働き、2009年、帰郷して「ひとつむぎ」をオープンしました。

豆のカレーセット（ドリンク付き、900円）には、山形の青大豆「秘伝」を使用。上にトッピングする野菜は季節によって変わります

築百年の弘法宿カフェでくつろぐ

いろり屋千樹

健康パスタランチ（サラダとドリンクが付いて1200円）は塩分控えめ。季節の素材をふんだんに使い、自家製からすみをふりかけてこくを出しています。予約すればハンバーグやちらし寿司といったメニューもいただけます

愛知県知多市岡田西島11
☎0562-74-0029
営業　ランチとカフェは土・日曜日のみの営業。夜は1組限定予約のみ
営業時間　ランチタイム11時〜16時（オーダーストップ15時）
席数　20席
駐車場　3台

店主自ら無農薬米を栽培

古くは知多木綿の製造で栄えた知多市岡田。森嶋久典さんが飲食店をしようと探していて出会ったのは、その町の「桜坂」と呼ばれる坂道を上がったところにある古民家でした。当初は事務所にしかならないと思ったくらい汚れていた築約百年の建物を磨き上げ、壁など一部を補修するうちに、「この建物も町並みも活かしたい」という思いがつのってきます。「お昼を食べられるところがこの町にほしい」という周りの人たちからの要望もあり、2009年秋に、この家をカフェとしてオープンしました。

豊田市産の抹茶やマカイバリ農園産ダージリンなどのお茶類は、ほとんどが有機栽培のもの。ランチや夜の食事には、地元の無農薬（または減農薬）野菜や自然（伝統）製法、無添加の調味料を使用しています。娘さんがアトピーだったことからたどり着き、家庭でも実践している自然食生活。自ら豊田市小原村で完全無農薬、天日干しの米を栽培した経験を生かし、メニューづくりをしています。

取材memo

昼は土・日のみの営業ですが、地元の豆味噌を使った「ひきずり」や「カキ鍋」を中心とした夜のコースは4名以上で年中予約できます。

深層水で塩味をつけた無添加アイスクリームをはさんだ海の塩バニラ最中（400円）。皮は、金沢の最中の皮を取り寄せています。美肌効果もあるハニーブッシュティーは女性のお客様に大人気

和のスローフードがみやびな膳に

おまめ道楽　本店

おいしい豆と豆腐を味わえる

銀鼠の瓦屋根と白壁のコントラストが美しい建物に入ると、店主の村松昌美さんがにこやかにお出迎え。店内のおばん菜コーナーに並ぶ豆や豆腐、根菜類などを用いた惣菜は、すべて村松さんの手づくりです。豆腐店の娘として、かつては家業を手伝っていたとおっしゃるだけに、良質の豆と豆腐は舌がご存知。案内されたのは土蔵風の離れで、高い天井の梁と和紙の丸いランプシェードが情緒を添えます。

花ちらし膳は1300円。ちらし寿司に惣菜数品、汁物、香の物、デザート付き。写真は揚げだし豆腐・昆布巻と竹輪の煮しめ・だし巻き卵・煮豆・白和え、豆乳ソフト金時豆添え

愛知県碧南市天王町7-83-2
☎0566-41-1569
休日 日曜日
営業時間 9時～17時
席数 26席
駐車場 7台

民芸好きの店主の趣向が、家具調度、食器のあつらえなど随所に光る

テーブルに置かれた苔玉の白い小花に心休めするうち、目にも鮮やかな「花ちらし膳」が運ばれました。細長い黒塗りの膳にちらし寿司やおばん菜の小鉢が並びます。豆腐も野菜も、地産地消にこだわった碧南市産。調理には、深層海水天然塩を一年熟成した「マザーソルト」、サトウキビを原料にした粗糖、愛知県武豊市「カクトウ醸造」の国産大豆100％の豆味噌、醤油などを使用。民芸好きの村松さんが選び抜いた上質の器も味のうちです。

取材memo
「この豆が大好き」と、店主がコトコト煮る金時豆は絶品。豆乳ソフトに添えられた金時豆のやさしい味を堪能。「むしろ、遠方の都会のお客様が多い」というのもうなずけます。

伊勢うどん膳は850円。日替わり惣菜、デザート付き。店主が月に一度、伊勢神宮詣でをするようになったご縁で加わったメニューだとか。おまめ道楽・中央店（愛知県碧南市松本町20-102、☎0566-46-6677）が新たにオープンしました

みんなが集まる楽しい場所をつくろう

cafe-kaya

取材の日のヘルシープレート（850円）は大豆ミートの回鍋肉（ホイコーロー）、切り干し大根のアワそぼろ煮、レモン大根とブロッコリーのフリッター、野菜サラダ。ランチ時はスープ付き、メニューはほぼ週替わり

チキンなどの肉を使ったメニューも

いつかカフェをしたい。そんな夢をもっていた吉川ヒデさんとリエさんが出会い、夫婦になり、そして夢をかなえたのが「café kaya（カフェカヤ）」。二人で旅行したインドですっかり体調をくずしていたときに、「kaya」というカフェで身も心も癒されたことから、その名前をもらいました。

宮崎のマクロビカフェで働いた後、住まいの近くに空き店舗が出て、予定より早い出店へ。内装をはじめテーブル、ソファ、椅子、カウンターなどをすべて手づくり。赤ちゃん連れの人も来やすいようにとおむつを替えるコーナーまでつくりました。棚には絵本やLOHAS、自然食関係の本などがずらりと並びます。

オーガニックのドリンクや地元の新鮮な野菜を使ったベジタリアンランチが中心ですが、チキンなどの肉を使ったメニューもあるのは、誰もが気軽に来られてくつろげる場所をめざしているから。お店を開いてから生まれた心ちゃんと一緒に、二人の店を大事に育てていきたいと思っています。

取材memo
結婚前からセラピストをしていたリエさんが2階で開催しているボディーセラピーなどのリラクゼーションメニューも好評です。

愛知県大府市共和町6－262－1
☎0562－74－0381
休日 火曜日・第1月曜日
営業時間 10時～20時（ラストオーダー19時15分）
席数 22席
駐車場 10台（共用）

豆乳もっちりシフォンには「ひかりのさとファーム」（117ページ）の平飼い卵を使用。写真の黒ごま&ハニーのシフォンは450円（プレーン400円）。たんぽぽコーヒーは390円。マクロビケーキも常に2、3種類あります

シーサイドカプリ

知多の食材をオリジナル料理で表現

シーフードランチセット（2100円）。前菜として小魚の南蛮漬け・ひじきと豆腐のフリッター・寿司ロールの3点、自慢の海苔ソースがかかったお刺身サラダ、メインは鯛のローストに季節の野菜

窓一杯に海が広がる

店内に入ると目に飛び込んでくるのは、窓一杯に広がる海。この海の幸を存分に活かしたごはんがいただけるのが、シーサイドカプリです。

おすすめは、日替わりの「シーフードランチセット」。地元の人しか知らないような魚や稚魚、小さなヤリイカなどの魚介類と、オーナーシェフの樋田英一さんが毎日畑に集荷に行く南知多の契約農家の野菜。

これらの素材を活かすため、調理は極力シンプルに。その一方で、皮付き人参をそのまま使うため、土臭さが出ないように歯ブラシと竹串で徹底的にそうじする、大きくて茎が太い水菜は一本一本そぎ切りしてサラダに使うなど、下ごしらえを入念に行います。「面倒なことにしか答えはないと思っていますから」。

常滑市鬼崎の海苔でつくったソースを添えたカルパッチョなど、知多の調味料を使い、知多ならではの食材との出会いを楽しみながら、知多でしか食べられない「ちた（知多）りあん料理」を追求しています。

取材memo
知多半島道路の南知多ICから車で15分ほど。海の見える個室もあり、休日や記念日などに、ゆっくり時間をとって訪れたいところです。

愛知県知多郡南知多町山海高峯3-4
☎0569-62-3791
休日 金曜日（祝日・大型連休は営業）
営業時間 11時30分～20時（ランチ11時30分～14時30分）
席数 メインホール着席36席・立食50名、海辺の個室1室、掘りごたつ式6～10席
駐車場 10台

「店主からひとこと」
半田市や知多市で長く飲食の仕事に携わってきた樋田さんが、縁あってこの店のオーナーとなったのは2004年のこと。以来どんなスタイルでやっていくのか、模索の日々が続きます。「料理も発想も大転換した」のは、地元豊浜の老舗「まると水産」の魚介と南知多で30年余り有機農業を続けている丸山さんの野菜に出会ってから。「驚くことの連続でした。魚介と野菜を重ね合わせると、信じられないような味になる。スズキのカマにハーブをしみこませてオーブンで焼いたり、ふぐ骨でフュメ・ド・ポワソンというだしをとったり、今日の材料で何をつくろうかと考えるのは、日々挑戦で、難しいけれど楽しいですね」。

ランチセットに付くデザート。この日はりんごのケーキとイチゴのムース。ドリンクはコーヒーか紅茶を選べます

世代を超えて愛される「お母さんのごはん」

土に命と愛ありて ティア佳織の店

素材の味を活かしたビュッフェランチ

エントランスの石積みと植栽が、ナチュラル＆ワイルド。店内は高い天井に木の梁と柱が際立ち、広々としたフローリングの開放感に満ちた空間です。ビュッフェ式のランチはスーパーやまのぶ（117ページ）の有機・無農薬野菜を中心としたブランド「ごんべいの里」の地元野菜に、ほぼ無添加の調味料を用いた「家庭料理」が50種類以上。蒸し野菜や薄味の煮物、和え物など、素材の味を活かした料理が、健康志向のあらゆる世代に人気です。だしも含めた動

ランチ佳織コースは1575円（65歳以上のシルバー・中学生1050円、小学生850円、幼児525円、3歳以下無料）。取り皿にもぬくもりのある木製を採用。50種類以上の多彩なお料理に目移りしてしまいます

物性食品や乳製品、砂糖を使用しないマクロビオティック対応の「穀菜膳」コーナーもあり、ドリンクも、自然栽培のコーヒーや100%ジュースのほか、タンポポティー、健康ブドウ酢「ビワミン」、七草薬美茶、皇帝茶など、冷温20種類以上から選べます。

店名は、自然農法の先駆者・島一春氏の著書『土にいのちと愛ありて』にちなみ、氏の精神を伝えようとするものです。

取材memo
平日、午後一時過ぎの取材にも関わらず、満席状態の人気店。地域のご家族やお友達同士が、世代を超えて和気あいあいとランチをされる様子に、地元の信頼があついお店と実感しました。

ソフトクリーム、フルーツ寒天などのデザートがあります

天然木のテーブルに並ぶ料理は、「愛情たっぷりの母のごはん」をめざした素朴な家庭料理。飽きのこないメニューも、家族連れやリピーターが多い理由

愛知県豊田市若草町2-6-8
☎0565-36-5733
休日 月曜日のディナータイムのみ（ランチは無休）
営業時間 11時30分～21時30分
席数 98席
駐車場 60台

しっとり、ヘルシー、米粉パンサンド

Bio Sai Sai

お米パン大豆カツサンド（単品700円、スープサラダセット1200円、ドリンクサラダセット1050円）。サラダのドレッシングは、お店特製のもので、黒豆きな粉入り。この日のハーブティーは美肌効果が女性にうれしいローズヒップとハイビスカスでした

岐阜県土岐市下石町304-528
☎0572-57-2395
休日 月曜日（不定休あり）
営業時間 9時〜17時（モーニング9時〜11時30分 ランチ11時40分〜14時）
席数 25席
駐車場 15台

目から鱗のおいしさ

数年前に食べた、ある米粉パンは、もさっとして、あまりいい印象ではありませんでした。でも、「Bio Sai Sai（ビオサイサイ）」の米粉パンを一口食べてびっくり、ふんわりとしていて、食感はしっとり、もっちり、口の中にはほのかに甘い香りが広がって、実においしいのです。原料は、愛知県産のあいちのかおり（特別栽培米）の粉を90％、それに豆乳やてんさい糖、菜種油などで、牛乳、卵は使っていません。

おすすめは、この米粉パンを使った大豆カツサンド。お肉の代わりに畑のお肉ともいわれる大豆を使ったカツは、うまみ成分とビタミンが豊富な米油でカリッと揚げてあり、そこに、たっぷりのキャベツにスパイシーなソース。こだわりのソースは果物と野菜だけの水分でつくったものです。肉も卵も使っていないのに、食べ応え満点。さらにお米と大豆を一緒に食べることで、生命維持に欠かせない必須アミノ酸も摂取できるのだそうです。

取材memo
このボリュームとおいしさは、オーガニックを敬遠する男性と一緒でも楽しめます。

［店主からひとこと］

大豆加工品の卸がはじまりのBio Sai Sai。大豆食品の食べ合わせとして、おいしくてヘルシーで手軽で、安心・安全、しかもボリュームのある食べ方って何だろうと考えたのが、今から15年くらい前。いろいろ試行錯誤するなかでお米パンが完成し、さらに、大豆カツと組みあわせて大豆カツサンドが誕生。「はじめはほとんど相手にされませんでしたが、そのうちイベントなどで、いろんな人からおいしい、おもしろいといってもらえるようになりました。米粉も野菜も地域でとれたものを使っています。地域の人が地域でつくったものを食べて、みんなが豊かになる、そう願っています」と店主・大久保心雅さん。

有機豆乳お米粉シフォンケーキ（ドリンクセット1000円）

心と体を癒す薬膳料理

鑑真康寿堂

食材は地元産が主体

長良川の支流の板取川、さらにその支流の高賀川に沿って山道を登った先に「鑑真康寿堂《がんじんこうじゅどう》」があります。唐招提寺の薬草園が、金堂修理のために疎開したのが洞戸高賀の薬草園でした。店主・野崎友雅《とものり》さんのお父様が、唐招提寺の薬草園を世話してきた有志の一人だったことから、疎開先の薬草園近くのこの地に、心と病を癒す養生所として2009年にオープンしました。

「とことん地産地消にこだわる」と話す野崎

「野菜や米も食材はすべて薬膳」という野崎さんがつくる薬膳ランチは週ごとにメニューが替わります。この日は玄米に海藻のスープ、おからのサラダ、椎茸の包み揚げ、おからケーキなど。これにドリンクとデザートがついて1500円。食事前にはハトムギ、ドクダミなどがブレンドされたお茶、食後はまた違ったブレンドのお茶が

岐阜県関市洞戸高賀926-1
☎0581-58-2088
休日 月・火曜日
営業時間 10時～15時
席数 30席
駐車場 お店の前に広々した駐車場あり

美濃インターから30分から40分。冬はスタッドレスタイヤが必須

さんは、店を始めるに当たって、地元洞戸の農家をまわり、農薬や化学肥料を使わない野菜・米をつくってほしいと交渉。その結果、今では、一年中、地元の食材主体の料理が可能に。さらに、現代人に不足気味な栄養素を補うため、近くの薬草園から採れる薬草を加えて料理をつくっています。「少しでも健康に、元気になってほしい」という願いが込められた料理は、体の奥から染み渡り、静かに、じわりと体と心を癒してくれるようです。

取材memo

初めてのときは、「この道でいいのか」と不安になるほどの山道ですが、一度訪れたらほとんどの人がリピーターに。二度目からは山道は逆に快適になりそうです。

杉の香りがする店内。暖炉の炎に癒されます。ランチだけでなく、1日1組限定の昼食と薬草風呂・薬草サウナの日帰りプラン（一人2000円）というのもあります。また、宿泊も可能。こちらも1日1組限定（一人5000円・食事別）

◎野菜コラム　その三

オアシス21の朝市

オアシス21オーガニックファーマーズ朝市村
http://www.asaichimura.com/

ＪＡなごやの朝市情報
http://www.aichi-ja.or.jp/nagoya/nou/ichi.html

名古屋市の朝市情報
http://www.city.nagoya.jp/kurashi/category/15-2-2-4-0-0-0-0-0-0.html

朝市で新鮮な野菜を手に入れよう

みなさんは野菜をどんなところで買っているのでしょうか。一昔前なら近所の八百屋、今はスーパーマーケットという方がほとんどでしょう。

スーパーの野菜は手軽だし、値段も安い。それはそれで魅力的ですが、名古屋市内の各地で開かれている朝市では産直の新鮮な野菜を手に入れることができます。ＪＡなごやや名古屋市のホームページには、たくさんの朝市の情報が掲載されているので、それを参考に一度朝市に足を運んでみてください。

なかでも、名古屋・栄のオアシス21で、毎週土曜日の朝に開かれている「オアシス21オーガニックファーマーズ朝市村」では、有機栽培や自然農法に取り組んでいる生産者が野菜や米、くだものなどをたくさんもって集まります。名古屋のど真ん中で、産直野菜が販売されているなんて驚きですね。午前8時半の販売開始前から、お目当ての農産物を手に入れようと、すでに多くの人だかりが……。新鮮な野菜を求める熱気がすごいです。

おいしい食材・
調味料を手に入れる

多くの店の頼れる存在

わらべ村

店舗内には所狭しと「安心・安全のベジタリアン食材」「マクロビオティック食材」「使い心地のいい生活雑貨」…などなどが並んでいます

佐賀有明産焼のり

天日干椎茸

岐阜県美濃加茂市の「わらべ村」は17年ほど前から、オーガニック・マクロビオティックの食材を扱っています。多くのオーガニックカフェが、わらべ村から調味料を仕入れるなど、頼れる存在。代表の桜井祐子さんは、ご自身がアトピーだったことから、オーガニックに関心をもち、ベジタリアンになることで、アトピーを克服しました。「こうしたオーガニック食品などがどこでも手に入るようになって、この店が必要なくなることが夢」と語る桜井さん。この力強い言葉は胸に響きました。

桜井さんのおすすめは2点。

「佐賀有明産焼のり」(ヤマムロ)。酸処理をせずに、太陽の恵みをたくさん受けて育った本物の海苔。昔ながらの製法で、手間ひまかけてつくられており、とても柔らかく、香り高いのが特徴です。10枚、893円(税込)。

「天日干椎茸・どんこ」(しいたけブラザーズ)。岐阜県・川辺町の横田さん(しいたけブラザーズ)が、無農薬・原木栽培で育てた椎茸です。味、香りがとても豊かで、お料理をおいしく仕上げてくれると人気です。35g、683円(税込)。

岐阜県美濃加茂市加茂野町鷹之巣342
☎0574-54-1355
休日 毎週日曜日・第4土曜日
営業時間 9時〜18時
駐車場 あり

気負わず、自然体

みのや北村酒店

立ち飲みができて、こだわりの食材や調味料が手に入り、コーラも飲めるという、不思議で魅力的なお店です

旬味《しゅんみ》

名古屋・大曽根駅の近くにある「みのや北村酒店」。ぱっと見コンビニのような外観ですが、中に入ってみると、その品揃えに驚いてしまいます。有機栽培の材料をもとにした調味料や自然酒、無添加ワイン、本格焼酎、そんなエコロジカルな食品などがずらりと並んでいます。しかも、立ち飲みもできるという不思議なお店です。「ここの人たちに親しまれてこそ、この場所で商売をしている意味がある。だから、オーガニック・自然食品も売るし、コーラも売る」と店主の北村彰彦さん。こだわりをもちつつも、気負わず、自然体。そうした北村さんの考え方が、この店の大きな特徴です。

みのや北村酒店のおすすめは、農薬・化学肥料を一切使わず栽培した米だけで仕込んだ料理酒「旬味《しゅんみ》」（仁井田本家）。一般的な料理酒の8倍を超える天然アミノ酸がうまみを引き立てます。また、飲んでもおいしい純米原酒です。720ml、998円（税込）。みのや北村酒店のほか、サイトでも購入可能です。いずれも商品名で検索すれば、いくつかの販売店が見つかります。

名古屋市東区矢田1−5−33
☎052−722−0308
休日　日曜日
営業時間　8時30分〜22時
駐車場　なし

有機食材販売の老舗

チルチル・ミチル

愛知県半田市東郷町3-39-1 echoビル1F
☎0569-22-1076
休日 日曜日
営業時間 9時~18時30分(祝日9時~17時)
駐車場 あり

ナトゥールコンパニー ベジタブルブイヨン

焼きだし

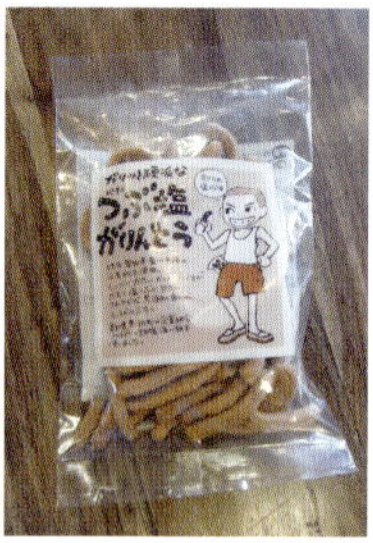

がりんとう

有機無農薬野菜・無添加食品・無添加剤石鹸などの自然食品や健康食品、生活雑貨などを販売している「チルチル・ミチル」。店をオープンしたのは15年前。店舗に併設したカフェには、オーガニックコーヒー・紅茶や国産小麦を使ったケーキもあります。

チルチル・ミチルのおすすめは3点。まずひとつは、「ナトゥールコンパニー ベジタブルブイヨン」(ナトゥールコンパニー)。厳選された有機野菜、有機ハーブ、有機スパイスなどのうまみが凝縮されたナチュラルな顆粒のブイヨンです。100g、992円(税込)。

次は、「焼きだし」(マルシマ)。動物性素材を使用せずに北海道産昆布と国産椎茸のうまみを引き出した風味豊かなだしの素です。5g、24袋入で998円(税込)。

最後は、「粒しお がりんとう」(神谷製菓)。かむと塩粒に当たり、さわやかな海の味が広がります。100g、260円(税込)。

いずれもチルチル・ミチルのほか、サイトでも購入可能です。商品名で検索すれば、いくつかの販売店が見つかります。

各店舗のおすすめ食材・調味料

有機 梅醤 陽寿（無双本舗）

冷え症で悩む女性に話題の商品。有機栽培の梅を天日干しした梅干しと、有機栽培の丸大豆と小麦を用いた天然醸造の醤油をブレンド。番茶を注いで飲んだり、和え物やおひたしなどの調味料に。「玄米食の店　のら」のほか、無双本舗ホームページ（http://www.musofood.co.jp）で購入可能。250g瓶1890円（税込）。

ひまわりタマゴ（村瀬養鶏場）

豊田市農林畜産物品評会2010年度冬の部・鶏卵部門で消費者賞に輝いた人気の卵。濃厚な味を評価して仕入れるパティシエも続出。直売所（豊田市大清水町原山34 ☎0565-45-0569）で生みたてを買える。ビッグ11個200円、名古屋コーチン卵6個200円ほか。「白鳥物語」のビュッフェには、赤鶏の生卵が並ぶ。

井上 古式じょうゆ（井上醤油店）

奥出雲の井上家伝来の古式醸造をまもり通した丸大豆仕込み・天然醸造の濃口醤油。「空歩21」店主は、味の決め手になると絶賛。「ベジカフェ　ロータス」オーナーは、蔵元へ昔ながらの製法を見学に行ったとか。井上醤油店ホームページ（http://inoue-shoyu.jp）で購入可能。写真は、720ml瓶840円（税込）。

赤梅酢（久保グループ）

奈良県の久保正直さん率いるグループが、梅と塩だけを用い、7日～20日間、毎日ころがしながら天日干しをしてつくった梅干しを原料に、丹精した梅酢。「空歩21」店主は「もう一味欲しい時の助っ人」と仰ぐ。購入は、久保正直（奈良県五條市西吉野町北曽木417 ☎0747-32-0102 FAX0747-32-0264）へ。

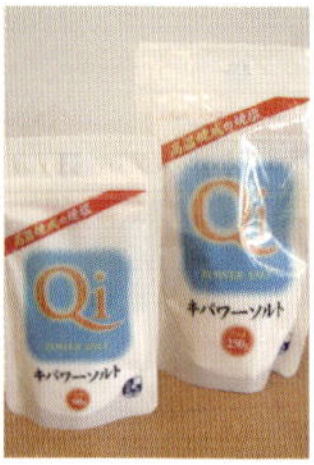

キパワーソルト（キパワー）

韓国の塩田で伝統的製塩法によってつくられた天日塩を、８００℃以上で高温焼成。焼成で有毒汚染物質が分解消去されており、酸化した物質をもとに戻す還元力ももつ。味を絶賛する「EDDI CAFÉ」やキパワー（http://www.qipower.co.jp）の全国販売代理店・有名百貨店などで購入可能。90ｇ６３０円（税込）。

ゆずの粋（小松柚粋園）

高地県安芸市の柚園が、50年前と変わらない手づくり&無農薬で育てた柚の搾り汁に、保存用の海塩を加えただけの香味料。酢の物・野菜サラダ・焼き魚などの薬味に重宝。「EDDI CAFÉ」や小松柚粋園ホームページ（http://www.yu-zu.net/）で購入可能。１００ml（化粧箱なし）４７２円（税込）。

玄米甘酒（オーサワジャパン）

長野産の有機栽培玄米を１００％使用、米こうじで発酵させた砂糖不使用の甘酒。冬はあたため、夏は冷やして飲むほか、マクロビ料理の甘味づけに用いる。濃縮タイプ（約４人前）２５０g ３３６円（税込）。オーサワジャパンホームページ（http://www.ohsawa-japan.co.jp/）より全国取扱店を検索可能。

最進の塩（最進の塩）

山口県下関市吉母浜の澄んだ海水を平釜で煮詰める昔ながらの「平釜製法」でつくられた塩。海水のにがり成分がそのまま残り、「ミネラル豊富で、料理の味も引き立てる」と、「ミツバチ食堂」の店長も絶賛。最進の塩ホームページ（http://www.saishinnosio.com/）で購入可能。写真は、６００g １１０３円（税込）。

オーガニックたまり（丸又商店）

シーサイドカプリのおすすめ。原料に大豆を１００％使用するため、「醤油」と比べてタンパク含量が高く、窒素分（うまみ成分）が高いのが特徴。小麦アレルギーの人にも喜ばれている。３６０ml、６７２円（税込）。ネット（http://marumata.net/）で購入可能。

お豆のブレンド（にんじんCLUB）

「レストランにんじん」入り口では、北海道産、農薬不使用の豆の量り売りをしている。その中から15種類以上をブレンドしたものを一袋４００円で販売。野菜と豆のスープレシピ付き。

有機タンポポコーヒー（たんぽぽ堂）
cafe-kayaのおすすめ。元気なたんぽぽを独自の技術で焙煎した、こくのある味わい。ドリップ用230g（およそ76杯分）で2625円（税込）。ネット（http://www.sizenkenkou.co.jp/）で購入可能。

紫蘇美人（鑑真康寿堂）
昔ながらの製法でつくられた「鑑真康寿堂」オリジナルの清涼飲料水。原料は紫蘇葉、氷砂糖、クエン酸のみで、添加物を一切使用していない。720ml　2100円（税込）。鑑真康寿堂で購入可能なほか、1杯400円で飲むことができる。

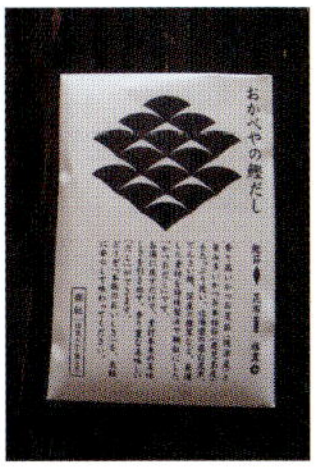

鰹だし（おかべや）
「kogomi」のおすすめ。鰹・昆布・椎茸などを使用した無添加のだし。一袋60gで580円（税込）。Kogomiで購入できるほかネット（http://www.okabeya.co.jp/）でも購入可能。

天然酵母パン（ソラミミ）
「organic cafe pinch of salt」で毎週水曜と土曜に販売している「ソラミミ」の天然酵母パン。きめが細かく、蒸すともちもちに。
(http://soramimip.exblog.jp)

九鬼太白純正胡麻油（九鬼産業）
ごま本来のもつうまみが生きたごま油。ごま油でありながら無色・無臭なので、サラダ油と同じ感覚でさまざまな料理に使うことができる。九鬼産業で購入可能（http://www.kuki-info.co.jp）。340g×6瓶、4830円（税込）。

特撰　料理用自然酒（澤田酒造）
奈良の澤田酒造の良質な米・米麹・水だけで造られた低アルコールのお酒。料理用自然酒だが、飲んでもおいしい。やさしい味が特徴。720ml　950円（税込）。一部通販サイトでも購入可能。「澤田酒造　料理用自然酒」で検索すると、いくつかの販売店が見つかる。

エクアドル産有機珈琲

「食堂＆café ひとつむぎ」のおすすめ。森を切り開くことなく、さまざまな果樹とともに栽培する、森林農法（アグロフォレストリ）で育てられたフェアトレードのコーヒー。下記のアドレスの店で購入可能。（http://slowslowslow.com/top/）

足助仕込三河しろたまり（日東醸造）

碧南の日東醸造が足助に仕込蔵をかまえ、通常使用量の2倍の国産小麦と、自然海塩を原料に醸造。「穂の歌」の渡邊シェフによると、味が決まらないときにほんの少したらすとバッチリ決まるとか。一部スーパー・百貨店などで購入可能。３００ml ５１４円（税込）。

完全粉 車麩（オーサワジャパン）

完全粉使用のためコクがあり、なべ物、吸い物、煮物に最適。「穂の歌」の渡邊シェフは、肉の代わりによく使うとか。わらべ村のほか、通販サイトなどで購入可能。12枚３７５円（税込）。

有機栽培のハニーブッシュティー

「いろり屋千樹」のおすすめ。ルイボスティーと同じく南アフリカ産だが、酸味はまったくなく、甘みをおびて飲みやすい。名古屋市緑区のLala Natural Organic Cafe&Deliで購入できる。一袋８２５円（税込）。

新鮮野菜（ふたご屋）

「ベジベジ」のおすすめ。長年、野菜卸業を営んできた経験を生かして生産者と直接取引き。なかなか手に入りにくい長野県産の野沢菜や椎茸をはじめ、新鮮でリーズナブルな野菜が購入できる。

自家製ハチミツ（いさおさん）

「Lala natural Organic Cafe&Deli」のおすすめ。オーナーの友人が名古屋市名東区でつくっている蜂蜜は、季節の花によって味が変わるのも楽しい。１２６０円（税込）。

焼き菓子（cobi factory）

からだへの負担の大きい砂糖、卵、乳製品を使用せず、果物や小麦粉なども国産の安心、安全なものを身土不二で選んでいる。「cobi factory」の店舗のほか、ネットショップ（http://cobi.shop-pro.jp/）でも購入できる。

オーガニックハーブティー（オーストリア・ゾネントール社）

「MAHANA」のおすすめ。宇宙の自然のリズムに合わせた農作業が行われるビオダイナミック農法で栽培されたお茶。「オーガニックハーブティー　オーストリア　ゾネントール社」で検索すると、いくつかの販売店が見つかる。

DAURO

原材料のオリーブは極力農薬を使用しない減農薬栽培で、化学肥料も一切使用していません。保存剤・酸化防止剤・添加物などの化学物質も同様に一切使用していない100％天然成分。ノーベル賞受賞記念の晩餐会で使用される公式オリーブオイル。「ベジベジ」にて500ml、4500円（税込）。

わじまの海塩（美味と健康）

石川県輪島沖の海水を100％使用した塩です。釜炊きせず、海水の上から熱を当てて、40℃未満の低温で緩やかに結晶させました。おむすびや浅漬けに、調理の最後に使う「後塩」におすすめ。200g、945円（税込）。

よろん島きび酢（よろん島きび酢本舗）

与論島のサトウキビ100％が原料。その絞り汁を長時間煮込み黒糖に固まる直前の黒糖蜜を、昔ながらの壷で発酵。添加物は一切使用していない安心・安全な自然醸造酢です。200ml、997円。ネットで（http://www.yoron-kibisu.com/index.html）購入可能。

本文中に登場した有機野菜や有機農産物を原料とした調味料などが手に入るところは次の通りです。

名前で検索するとすぐにホームページが見つかります。

◎JAあぐりタウンげんきの郷
愛知県大府市吉田町正右ェ門新田1-1
☎0562-45-4080

◎あいのう流通センター
（名古屋・知多に直売店あり）
愛知県豊田市平畑町東田731
☎0565-65-2080

◎ゾンネガルテン
名古屋市名東区一社2-162
☎052-703-4469

◎にんじんCLUB
（株式会社にんじんが運営する会員制の宅配システム）
☎0120-029-105

◎旬楽膳
（最大級のナチュラルフードストア。
名古屋市、日進市にも店舗あり）
一宮市八幡4丁目1-1
☎0586-46-1851

◎恵那自然農塾
（自然農を学ぶ場）
岐阜県恵那市上矢作町1986-1
☎0573-48-3782

◎くらしを耕す会
（愛知県内で生産された季節の野菜を個別宅配）
愛知県名古屋市昭和区広路本町4-2
☎052-851-7200

◎ヘルシングあい
（有機野菜、天然酵母パン、マクロビ食材などを販売）
名古屋市西区城西2-15-13号
☎052-602-5930

◎やさい安心くらぶ事業部（株式会社M-easy）
愛知県常滑市森西町2-88
☎0569-89-7280

◎株式会社　玄気豊橋店
（有機野菜、自然食品、健康食品などを販売）
愛知県豊橋市西岩田6－16－11
☎0532－69－0655

◎ベジモ愛知（サインズ株式会社）
（オーガニックの野菜などの宅配）
愛知県豊川市御津町西方揚浜21－3
☎0533－95－3335

◎Ladybug
（マクロビオティックのマフィンの製造販売）
愛知県名古屋市千種区本山町4－74－1小島ビル2F
☎052－734－9819

◎ふたご屋
（新鮮な野菜を販売）
名古屋市北区黒川本通4－17
☎052－912－1425

◎ひかりのさとファーム
（安心安全なパン、コーヒー、卵などを販売）
愛知県知多郡東浦町大字緒川字下米田37－4
☎0562－84－4151

◎スーパーやまのぶ
（本店のほかに豊田、岡崎に5店舗）
本店　愛知県豊田市喜多町2－50
☎0565－33－0249

おわりに

野菜の安全性とおいしさについて、多くの人が気にかけるようになったと感じます。いろいろな店で、有機や無農薬、さらには自家栽培などの野菜を使っているという告知を目にする機会が多くなりました。

今回、紹介した店はいずれも良心的なところばかりですが、この40数店が「野菜のおいしい店」を代表していると考えた結果、選んだというわけではありません。これらの店を選んだ理由は、調査や取材を進めていくなかで、たまたま縁があったというのが正直なところです。

掲載したところ以外にも、もちろん、野菜のおいしい店はたくさんあります。実際、まだまだ載せたい店はあったのですが、時間とページ数の制約があって、紹介できないのは非常に残念です。

いずれまた、「野菜のおいしい店」の続編をつくりたいと思います。

最後になりましたが、店を維持していく大変さのなかで、快く取材に協力してくださった野菜のおいしい店の方々、どうもありがとうございました、感謝いたします。

また、野菜を食べにいきます。

小出朝生

［編者略歴］

小出 朝生（こいで あさお）

1960年、名古屋に生まれる。陶磁器産業の業界紙に勤めながら、名古屋周辺のものづくりの現場や職人を紹介する季刊誌『手の仕事』を発行。その後、独立し、㈲GMKワークスを設立。さまざまな媒体に多様な記事を執筆する一方で、雑誌・書籍の編集にも携わり、現在に至る。

取材したひと
文章・写真　兼松春実、浅野未紗子、三島衣理、小出朝生
写真　筒井誠己
表紙デザイン　三矢千穂

愛知・岐阜・三重
野菜のおいしい店

2012年11月22日　第1刷発行
（定価はカバーに表示してあります。）

編者　小出朝生
発行所　GMKワークス
〒454-0045
名古屋市中川区丹後町1-71-1
電話・FAX 052-352-0144
発売　風媒社
〒460-0013
名古屋市中区上前津2-9-14久野ビル
電話 052-331-0008
FAX 052-331-0512
ISBN978-4-8331-0149-3